Johannes King

COLLECTION
ROLF HEYNE

Johannes King

FOTOGRAFIERT VON LUZIA ELLERT
TEXT VON INGO SWOBODA

COLLECTION ROLF HEYNE

EINLEITUNG	7
FRÜHLING	29
SOMMER	105
HERBST	181
WINTER	281
REZEPTREGISTER	350
IMPRESSUM	352

INHALTSVERZEICHNIS

EINLEITUNG

Auf dem hohen Küstensande
Wandre ich im Sonnenstrahl;
Über die beglänzten Lande
Bald zum Meere, bald zum Strande
Irrt mein Auge tausendmal.

Aber die Gedanken tragen
Durch des Himmels ewig Blau
Weiter, als die Wellen schlagen,
Als der kühnsten Augen Wagen,
Mich zur heißgeliebten Frau.

Und an ihre Türe klink ich,
Und es ruft so süß: Herein!
Und in ihre Arme sink ich,
Und von ihren Lippen trink ich,
Und aufs neue ist sie mein.

Theodor Storm

AUF DEM HOHEN KÜSTENSANDE

SÖL'RING HOF

Oft werde ich gefragt, warum ich ausgerechnet Koch geworden bin – ob es in meiner Familie bereits einen Koch gegeben hätte oder ob ich als Kind, statt von Abenteuern als Feuerwehrmann, Lokomotivführer oder Astronaut zu träumen, eigentlich nur einen unbändigen Wunsch hatte: Koch zu werden. Nichts davon trifft zu. Ich wollte in die Ferne und nicht in unserem 190-Seelen-Dorf bleiben. Außerdem waren mir Berufe wie Maurer, Elektriker, Fliesenleger oder Gipser zu langweilig. So war es auch nicht mein erklärtes Lebensziel oder die Erfüllung eines Jugendtraumes, jemals ein Kochbuch zu schreiben. Eigentlich hatte ich nie das Bedürfnis gehabt, der Welt außerhalb meines kulinarischen Wirkungskreises meine gesammelten Rezepte mitzuteilen. Dass es dennoch zu diesem Buch kam, ist einer glücklichen Reihe von Begegnungen zu verdanken, die mein Leben bereichert haben. Jede dieser Begegnungen stellte mich vor neue Aufgaben, ohne mich aus der Spur zu werfen oder mich von meinem Weg abzubringen. Darüber bin ich sehr glücklich und vielleicht kann dieses Buch etwas von jener Leidenschaft und der Lust am Leben vermitteln, die ich auch und gerade beim Kochen empfinde.

Nur aus und mit Leidenschaft kann die Kochkunst existieren und Bücher wie dieses sind der Beweis dafür, dass der Funke vom Koch auf seine Gäste überspringen kann. Denn warum sonst würden Menschen Bücher kaufen, bei deren Lektüre ihnen zwar das Wasser im Mund zusammenläuft, die ihnen aber, wollen sie die ausgetüftelten Rezepte nachkochen, viel Arbeit, Geschick und vor allem Zeit und Geduld abverlangen. Trotz allen Überflusses und der allgegenwärtigen Verfügbarkeit von Essen sind Kochbücher immer noch verheißungsvolle Appetitmacher und bunt bebilderte Verlockungen. Sie bieten der kaum zu zügelnden Leidenschaft für die Gaumenfreuden ein vielseitiges Forum – denn sie werden nicht nur gelesen und betrachtet, sondern auch angewendet. Kochbücher berühren mit ihrer Botschaft das, was unser Leben eigentlich ausmacht, denn schließlich ist das Kochen der Ursprung der Zivilisation. Sie ist die primäre Handwerkskunst, die in allen Kulturen unverwechselbare kulinarische Identitäten geschaffen hat, deren Bedeutung – ich möchte fast sagen, Strahlkraft – weit über das Essen hinausgeht: In diesem Sinne bildet die Kochkunst das Fundament der Mentalität jeder Gesellschaft.

Dieses Buch soll in Rezepten und Bildern meine Leidenschaft für meine Arbeit, meine Mitarbeiter, meine Gäste und letztendlich für die Insel Sylt ausdrücken. Es ist eine Hommage an das Ensemble, aus dem ich meine Kraft schöpfe. In dessen facettenreicher Lebendigkeit ich neue Ideen und Kreativität finde und das mir die Lust am Leben gibt. So ist ein Kochbuch entstanden,

EINLEITUNG

das mehr ist als eine fachliche Anleitung zum Nachkochen. Es ist vielmehr ein Buch, das eine Inspiration und ein Plädoyer für ein Leben voll genüsslicher Leidenschaft und leidenschaftlichen Genuss sein will. Wenn der berühmte Funke überspringt, dann hat dieses Buch seinen Zweck erfüllt und die Leidenschaft geweckt, die Lust aufs Leben macht und damit die Lust am Leben garantiert. Das muss nicht beim ersten Blättern passieren – manche Dinge brauchen etwas Zeit. So, wie manche Begegnungen im Leben nicht gleich die alles beherrschende »Liebe auf den ersten Blick« sind, sondern langsam und mit Bedacht zur Leidenschaft heranwachsen.

Auch meine Sylt-Leidenschaft ist mit Bedacht gereift, meine erste Begegnung mit der Insel hatte etwas von jenen Zusammentreffen, die unvermeidlich sind und doch unter keinem guten Stern zu stehen scheinen. (Die Neugierde auf das Unbekannte ist dabei von dem unausweichlichen und allgegenwärtigen Gefühl belastet, man müsse die Bestätigung finden, dass man die Begegnung besser vermieden hätte.) Sylt war alles andere als mein Favorit. Der Gedanke, auf einer flachen Insel zu leben – noch dazu im Norden –, war so weit weg von meinen Lebensplänen und Träumen, dass ich die Reise nur als Episode betrachtete. Für mich war es eine »Premiere mit finalem Charakter« und ohne Wiederholungsgefahr.

Schon einmal hatte ich mich in den Norden gewagt, 1985 hatte ich mit meiner heutigen Frau einen Urlaub in Nordfriesland verbracht. Voll freudiger Erwartung das Meer zu sehen, war ich den Deich hochgerannt und war enttäuscht: Da war kein Wasser, keine Brandung und erst recht keine Wellen. Es herrschte Ebbe, im wahrsten Sinne des Wortes, und ich merkte mit einem Schlag, dass mein Bild vom Norden und vom Meer von Unkenntnis geprägt war. Und jetzt sollte es Sylt werden, ausgerechnet diese Insel, das Lieblingskind der unerschütterlichen Fangemeinde des Nordens, die jedes noch so schlechte Wetter, das kalte Meer und die geografische Eintönigkeit des Eilandes verzeiht, ja sogar zum Kult erhebt?

Bis zu jenem kühlen Septembertag des Jahres 1997 kannte ich Sylt nur aus Erzählungen. Oft sprühten diese vor Begeisterung, aber oft genug hörte ich auch heftige Ablehnung. Ich kannte viele wahre und sicher auch übertriebene Geschichten, die den Mythos der Insel bilden. Nur zwei Alternativen lässt der Mythos zu: wahre Liebe oder konsequente Ablehnung. Ich erinnere mich noch genau, welche Gedanken mir damals durch den Kopf gingen, als der Autozug über den Hindenburgdeich rappelte. Bitte alles, aber nicht Sylt! Ich hatte Alfred Weiss, damals Vor-

MIT FREUDE BEI DER ARBEIT

standsvorsitzender der Dorint-Hotelgruppe, diesen frommen Wunsch entgegengehalten, als er versuchte, mir das Projekt Söl'ring Hof in Rantum schmackhaft zu machen. Zwar hatte ich schon längere Zeit den Herzenswunsch gehegt, ein Gasthaus im besten Sinne des Wortes zu führen, doch sollten mich dabei die Steinpilze am Wegesrand grüßen. Dafür war Sylt jedoch der völlig falsche Ort. Auch konnte ich für jemanden, der aus der boomenden Hauptstadt kam, zwischen Sand, Dünen und der tosenden Nordsee keine gastronomische Perspektive erkennen. Und Steinpilze gab es auf der Insel ohnehin nicht. Mein Sylt-Bild war komplett und gefestigt, und es wäre mir nie in den Sinn gekommen, daran zu rütteln. Allein die umständliche Anreise, das Warten an der Autoverladestation und die langsame Überfahrt des Zuges auf die Insel konnten mich nur in der Ansicht bestärken, dass der Mythos Sylt ein Missverständnis sein musste.

Dass ich letztendlich doch geblieben bin und die Insel heute mit anderen – mit leidenschaftlichen – Augen sehe, hat sicherlich auch mit meinen Wurzeln zu tun, die im Schwarzwald liegen. Sie gaben mir ein feines Gespür und eine nachsichtige Leidenschaft für markante Landschaften und deren Menschen, die oft introvertiert und fast ein wenig scheu, aber immer respektvoll mit den Naturgewalten leben. Der Schwarzwald und Sylt – unterschiedlicher könnten zwei Landschaften nicht sein, und doch gibt es Gemeinsamkeiten, die gerade in der Nähe zum Ursprünglichen liegen, in einer gewissen, durchaus inspirierenden Einsamkeit und Stille, die den Menschen im Angesicht der Natur überkommt, sei es beim Anblick des Meeres oder der imposanten Kulisse der dunkel bewaldeten Berge meiner Heimat.

Heiligenbronn heißt der Ort meiner Kindheit, ein kleines Dorf unweit von Freudenstadt mit 185 Einwohnern, mitten im Schwarzwald gelegen. Bis heute ist mein Elternhaus so etwas wie ein Zufluchtsstätte, ein kleines Stück heile Welt, ein Refugium der Ruhe und natürlich auch für die ganze Familie die Begegnung mit der eigenen Kindheit. Und wenn ich von Familie spreche, dann weiß ich, wovon ich rede. Wir waren zehn Kinder zu Hause, eine wirkliche Großfamilie, die gut organisiert werden musste, um reibungslos zu funktionieren. Und organisieren hieß arbeiten. Doch die Arbeit wurde nicht als Last oder Bürde empfunden, auch wenn ich an vielen Tagen lieber auf den Bolzplatz gegangen wäre. Jedes Kind musste täglich bestimmte Aufgaben erledigen, die nicht diskutiert wurden und auch keinen Aufschub duldeten. Wer auf einem Bauernhof aufwächst, wer Kühe, Schweine und Hasen im Stall zu versorgen hat, der muss sich dem Rhythmus unterordnen, den die Natur und die Tiere vorgeben. Das Landleben ist bis heute von harter Arbeit geprägt und die romantische Verklärung, die es seit Jahrhunderten erfährt, ist

EINLEITUNG

eigentlich fehl am Platz. Aber gerade trotz oder wegen dieses arbeitsreichen Lebens haben sich die Menschen vom Land eine bemerkenswerte Bodenständigkeit und einen engen Bezug zur Landschaft und deren Produkten erhalten. All das ist im Trubel der Städte und ihrer Ballungszentren weitgehend verloren gegangen. Wenn wir heute überhaupt von heiler Welt reden wollen, dann ist sie nur auf dem Land zu finden, mit all ihren Einschränkungen und provinziellen Eigenarten.

Ich erlebte in Heiligenbronn eine behütete Kindheit mit festen Regeln und Ritualen, die Disziplin und Fleiß erforderten, aber auch eine gesunde Mischung aus Organisationstalent, Durchsetzungskraft und vor allem Eigenverantwortung verlangten. Lebenslust lebten uns unsere Eltern vor, eingebettet in eine verlässliche Geradlinigkeit, die mir heute als das Fundament dieser ländlichen Welt erscheint. Eine Lebenslust, die in ihrer Einfachheit unwiderstehlich glücklich war und mich nachhaltig geprägt hat. Zehn Kinder in einer von der Landwirtschaft geprägten Region müssen auch mit Bescheidenheit und Verzicht leben, was wir Kleinen zwar wahrgenommen, aber nicht als Mangel empfunden haben.

Schon früh erkannte ich, dass man auf den eigenen Füßen am besten steht und dass man sich seine persönliche Freiheit erarbeiten muss. Mit sieben Jahren hatte ich meinen ersten Job: Noch bevor die Schule losging, musste ich frühmorgens bei Wind und Wetter im Ort die Zeitungen austragen. Das Geld, das ich damit verdiente, gab mir ein gutes, aber niemals überhebliches Gefühl. Ich wusste schließlich, dass Geld nur einen nominalen, niemals einen charakterlichen Wert hat. Doch mit den selbst verdienten Mark in der Tasche schien man der Erwachsenenwelt näher und konnte sich Dinge leisten, die Vater und Mutter niemals geduldet hätten. So hatte ich schon im Alter von 13 Jahren genügend Erfahrung gesammelt, um endgültig mit dem Rauchen aufzuhören, das Biertrinken habe ich aus gutem Grund zwei Jahre später aufgegeben. Dabei ist es bis heute geblieben.

Wie bei vielen Schwarzwälder Bauern wurde auch bei den Kings zweimal im Jahr geschlachtet und gewurstet. Und wir haben selbst geräuchert, dazu wurden die speckigen Schinken im Küchenkamin aufgehängt. Ich war der einzige, der in den engen Schlot passte. Wenn ich mit dem frischen Speck den Kamin hochkletterte und mich in der stickigen Enge kaum bewegen konnte, dann hatte ich den Geruch von Rauch und Speck so intensiv in der Nase, dass es Tage dauerte, bis sich dieses Aromagemisch langsam aus meiner Wahrnehmung löste. Den geräu-

EINLEITUNG

cherten Schinkenspeck gab es an manchen Abenden mit frischem Brot, und ich war immer ein wenig stolz darauf, dass dieser üppige Geschmack mit meiner Hilfe in den Schinken gelangt war.

Unter der Woche kochte meine Mutter einfach, aber schmackhaft. Täglich gab es frische Milch von den eigenen Kühen, Marmelade aus den Früchten des Gartens und Honig von eigenen Bienen. Nur sonntags wurde frisch gebackener Kuchen aufgetischt, meist ein dampfender Hefezopf. Die mit weißem Tischtuch und gutem Geschirr eingedeckte Kaffeetafel war ein wöchentlich wiederkehrendes Ritual, das den Sonntag über die anderen Wochentage stellte und ihm eine gewisse Feierlichkeit verlieh. Bis heute ist für mich der Sonntag ein besonderer Tag geblieben. Meine Liebe zu Kuchen und Patisserie rührt sicherlich aus diesen Kindheitserlebnissen, das Besondere auch im Verzicht zu suchen und nicht durch Überfluss ins Profane zu kehren. Diese kleinen Momente des Luxus bescheren genau das Glück, dass die Leidenschaft entfacht. Meine Leidenschaft fürs Kochen hatte ich damals aber noch nicht entdeckt, ich hatte keinen Ehrgeiz, am Herd zu stehen. Zwar musste ich, wie alle meine Geschwister, auch in der Küche helfen, aber eine Vorliebe fürs Kochen hat sich dabei nicht entwickelt. Koch zu werden konnte für mich nur einen plausiblen Grund haben, denn ich vermutete, dass Köche reisen und das kam meinem Wunsch sehr nahe, den Schwarzwald nach Abschluss der Schule zu verlassen und die große weite Welt jenseits von dunklen Tannen und grünen Wiesen zu erleben.

Der Schlüssel zu meiner ersehnten »Landflucht« war die Lehre. Nach neun Schuljahren musste ich mich entscheiden, welche Richtung mein Leben nehmen sollte. Mein eigentlicher Wunsch, Glasbläser zu werden, zerplatzte sehr schnell, denn alle Lehrstellen waren zum Bewerbungszeitpunkt bereits besetzt. Also blieb noch die Alternative einer Kochlehre im Ringhotel Johanniterbad in Rottweil, die mir mein Vater vermittelt hatte. Er führte auch das Vorstellungsgespräch und nach einigen Minuten war es beschlossene Sache: Johannes King wird Koch. Dass sich daraus eine kochende Leidenschaft entwickeln würde, hat in diesem Moment wohl keiner geahnt. Ich am allerwenigsten.

Für mich war es der sprichwörtliche Sprung ins kalte Wasser, denn was sich hinter einer Kochlehre verbirgt und was mich in der Küche erwartete, davon hatte ich keinen blassen Schimmer.

EINLEITUNG

Meine Lehrmeisterin war Frau Maier, Irmgard Maier, eine stattliche Frau und leidenschaftliche Köchin, die voll und ganz in ihrem Beruf aufging. Sie führte ein strenges, aber gerechtes Regiment in ihrer Küche. Als herzensguter Mensch lebte sie uns ehrliche Bodenständigkeit und unaufgeregte Normalität vor und versuchte, ihren Lehrlingen diese Tugenden mit auf den Weg zu geben. Eine ihrer Weisheiten zieht sich wie ein Credo durch mein ganzes Berufsleben: »Machs eine Weile gern, eine Weile ungern, dann bist du schon fertig.« Natürlich fruchtete das gute Beispiel von Frau Maier nicht immer, ich war gerade mal 15 Jahre alt und noch fleißig dabei, Grenzen zu erkunden: Meine eigenen, aber natürlich auch die meiner Mitmenschen.

So erhielt ich von Irmgard Maier schon nach wenigen Tagen meine erste Standpauke, die sie mit den Worten schloss, dass ich zwar King heiße, mich aber nicht so aufzuführen bräuchte. Die Botschaft war angekommen und sie traf mich mehr, als ich zulassen wollte. Just an diesem Tag flatterte ein Brief von der Glasbläserei ins Haus, dass nun eine Lehrstelle frei sei und ich demnächst dort beginnen könne. Was für mich zunächst wie ein Zeichen des Himmels wirkte, entpuppte sich schnell als Hiobsbotschaft. Denn der Freude über die Zusage folgte die innere Zerrissenheit. Wie sollte ich Frau Maier sagen, dass ich ab kommendem Montag ihrer Küche den Rücken kehren würde, um eine neue, für mich interessantere Lehre anzutreten? Was Frau Maier vielleicht noch akzeptiert hätte, wäre für meine Eltern völlig unverständlich gewesen. Sie waren ohnehin der Ansicht, dass eine Lehre kein Zuckerschlecken sei, Lehrjahre keine Herrenjahre. Vielmehr erwarteten sie von mir, dass ich eine Entscheidung, die nicht nur mich allein betraf, sondern auch andere Personen, die auf meine Zusage vertrauten, nicht aus Bequemlichkeit revidieren könnte. Verlässlichkeit im Leben war ihnen wichtig. Wie Recht sie damit hatten! Irgendwie fühlte ich mich damals sowohl für Frau Maier als auch für meine Eltern verantwortlich, nicht zuletzt natürlich für mich selbst. Vielleicht wäre ich ein guter Glasbläser geworden, aber ich wollte zu meinem Wort stehen und für alle Beteiligten ein verlässlicher Partner sein. Also ließ ich den Brief mit dem Lehrstellenangebot der Glasbläserei verschwinden und trat am nächsten Morgen wieder als Lehrling bei Frau Maier an.

Meine Lehre hätte sich wahrscheinlich nur um hausgemachte Maultaschen und Zwiebelrostbraten gedreht, wäre nicht eines Tages Jean Berteau in unserer Küche aufgetaucht. Ich war gerade

EINLEITUNG

im zweiten Lehrjahr, als Frau Maier den jungen Franzosen als Koch einstellte und damit etwas anstieß, das uns alle in eine neue Dimension versetzen sollte. Zunächst konnte ich mit Jeans Kochideen nichts anfangen, denn im Schwarzwald hatte ich bis dahin keinerlei Berührung mit der französischen Küche gehabt. Doch Jean Berteau, durch und durch Lebemann und sichtbar stolz auf die Grande Gastronomie der Grande Nation, setzte nach und nach französische Akzente in unserer gutbürgerlichen Küche. Nun wurde verfeinert, Crème fraîche hielt Einzug in die Saucen, Mousse au Chocolat stand plötzlich auf der Dessertkarte und die Arrangements auf den Tellern zeigten immer deutlicher die französische Handschrift. Die »Französischen Wochen« im Ringhotel waren die konsequenten Folgen seines Engagements. Für die Küche, aber auch für die Gäste kam das neue Angebot im Johanniterbad einem Quantensprung gleich.

Jean Berteau wurde für mich nicht nur zum Kollegen und Freund, sondern auch zu einem wichtigen Lehrmeister, der mir von der französischen Küche erzählte, Kochtechniken erklärte, ständig über Produkte und Qualität philosophierte und damit mein Interesse an der französischen Lebensart und natürlich an der französischen Kochkunst weckte. Aber Jean hat vor allem eines gemacht: Er hat mich neugierig gemacht. Ich wollte diese französischen Köche besuchen, von denen er wie von verehrungswürdigen Heiligen sprach. Ich wollte bei ihnen essen, ihnen auf die Finger schauen und von ihnen lernen. Mit seinen leidenschaftlichen Schwärmereien über die französische Küche hat mich Jean aus der Welt der bürgerlichen Küche herauskatapultiert und mir eine neue Welt gezeigt. Er hat mir Geschmack so einleuchtend erklärt, dass ich es allein vom Zuhören schmecken konnte und die Leidenschaft spürte, die sich hinter der Zubereitung verbergen musste.

Plötzlich verstand ich, dass das Kochen den Koch in Entscheidungswelten von fast unerträglicher Komplexität führt und dass die Kochkunst vor allem darin besteht, diese Komplexität intelligent zu reduzieren, um den reinen Geschmack in den Vordergrund zu stellen. Der Koch muss ständig zwischen verschiedenen Arten von Lebensmitteln und zwischen den Arten ihrer Zubereitung auswählen. Damit das Essen zu einem kleinen Ereignis wird, das etwas Neues bietet, bedarf es persönlicher Kreativität, einer erfinderischen Erregtheit und Leidenschaft. Diese Leidenschaft, die Lust an der Kreativität und die Erwartung eines persönlichen Geschmackserlebnisses verändern die Ausgangssituation von Grund auf und machen die mühsame Arbeit des Kochens zu einem wirklichen Vergnügen. Aber diese Lust stellt sich nicht auf Kommando ein.

EINLEITUNG

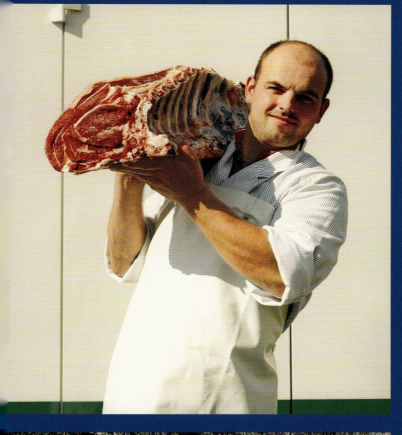

Man muss sich von einem leidenschaftlichen Schwung mitreißen lassen, ohne sich ausschließlich auf seine Routine zu verlassen. Die Leidenschaft, die im Kopf ein Gericht entstehen lässt, die eine Vorstellung von Geschmack, Nuancen, Harmonie und sogar Kontrapunktion kreiert, muss sich auf die Arbeit mit den Händen übertragen. Kochen ist also ein kleiner Kosmos, in dem Kopf und Hand übereinstimmen müssen, die Hände aber in ihrer elementarsten Arbeit nicht Kälte und Hitze erfahren, sondern beim Schälen, Schneiden, Rühren und Kneten den Kontakt mit der Materie herstellen. Die Hände des Kochs sind der Mittelpunkt, durch ihre Bewegung sammeln sie all jene Komponenten, die in einem einzigen kulinarischen Werk aufgehen. Kochen ist also ein Handwerk, das mit Bedacht und Verstand Höchstleistungen hervorbringen kann.

Nach meiner Lehre im Ringhotel Johanniterbad in Rottweil verschlug es mich zunächst zu Franz Keller nach Köln. Keller stammte aus einer badischen Gastronomendynastie und gehörte zu Deutschlands Spitzenriege. Er war ein liebenswerter Chef und ein bemerkenswerter Lebemann, der – mit einer erstaunlichen Kondition ausgestattet – sein Leben in vollen Zügen genoss, am Herd aber diszipliniert und sehr präzise arbeitete. Keller war ein Qualitätsfanatiker, dessen kritischen Augen kein Makel entging. Gleichzeitig hatte er eine genaue Vorstellung von dem, was später in welcher Form und in welchen aromatischen Zusammensetzungen auf dem Teller liegen sollte. In seinem Kochstil war Keller sehr französisch und für mich war dies nach meiner Lehre genau die richtige Station, um meine Handschrift zu verfeinern.

Nach einem prägenden Jahr in Franz Kellers Restaurant zog es mich nach Wien, wo ich in der Kurkonditorei Oberlaa bei Karl Schuhmacher meiner Leidenschaft für das Süße frönte und Einblicke in die hohe Kunst der Patisserie bekam. Ein paar Jahre später sollte ich noch einmal für einige Monate nach Wien gehen. Das Konditorenhandwerk, das mit all seiner Perfektion und Genauigkeit aus Zutaten von relativ weicher Konsistenz kleine Kunstwerke werden lässt, fasziniert mich bis heute. Ich kann von den süßen Versuchungen in der Küche nicht die Finger lassen. Nach Wien kam ein Jahr bei dem legendären Henri Levy im Restaurant »Maître« in Berlin, danach wechselte ich ins Restaurant »Zum Hugenotten« ins Hotel Intercontinental, kochte eine Sommersaison im »Hotel de la Poste« im burgundischen Saulieu und kehrte 1989 nach Berlin zurück, um im neu eröffneten Restaurant »Grand Slam« des LTTC-Rot-Weiß als Küchenchef zu arbeiten. Es war die Zeit des Umbruchs, der Fall der Mauer brachte für Berlin eine völlig neue Perspektive und ich spürte, dass in der Stadt Geschichte geschrieben wurde. Berlin war

EINLEITUNG

auf dem Weg zur Weltstadt und machte sich fein für das internationale Flair, das nach fast 40 Jahren nun auch in den Ostteil der Stadt einzog. Das Restaurant boomte, doch ich spürte, dass ich Berlin über kurz oder lang den Rücken kehren musste, um zu neuen Ufern aufzubrechen. Immer noch träumte ich von dem Gasthaus, zu dem ein kleiner Weg führte, an dem die Steinpilze wachsen.

Als ich an jenem kühlen Septembertag 1997 zum ersten Mal nach Sylt kam, war von Steinpilzen nichts zu sehen. Dort, wo einmal der Söl'ring Hof Gäste empfangen sollte, stand eine völlig heruntergekommene und versandete Ruine, mitten in den Dünen, etwas versteckt und geduckt, als wolle sich das Anwesen nur zögerlich zeigen, sich schützen vor neugierigen Blicken und natürlich vor den unbequemen Fragen, wie es dazu kommen konnte. Der Söl'ring Hof war 1959 erbaut worden, er gehörte anfangs der Landes-Zentralbank und erlebte ein wechselhaftes Schicksal: Das Anwesen ging durch mehrere Hände, bis es 1995 verlassen wurde und seither unbewohnt in den Dünen stand. Trotz meiner anfänglichen Skepsis, hieraus ein Schmuckstück der Gastronomie und Hotellerie machen zu können – wie es mir Alfred Weiss immer wieder vorbetete –, ging ich das Wagnis Sylt ein.

Die Anfangszeit war nicht ganz einfach, der Sprung von der Großstadt nach Sylt ergab ein unglaubliches Kontrastprogramm. Die manchmal erdrückende Einsamkeit, die die Insel trotz der vielen Touristen immer wieder umgibt, konnte nur mit Arbeit kompensiert werden. Doch Arbeit gab es reichlich. Das Projekt Söl'ring Hof erforderte vollen Einsatz, schließlich starteten wir nicht im Niemandsland, sondern auf Sylt. Die Erwartungen waren entsprechend groß und jeder, der an der »Wiederauferstehung« des Söl'ring Hofes mitarbeitete, spürte den Druck, der auf uns lastete. Jedes Detail musste geplant werden, alles sollte ineinandergreifen, schlüssig für den Gast und die Mitarbeiter sein und in einem harmonischen Gesamtensemble münden.

Seit Mai 2000 strahlt das Objekt in neuem Glanz – der Söl'ring Hof ist jetzt vor allem ein Hotel und Restaurant der Extraklasse, das dennoch nicht überzogen wirkt. Seine Klasse zeigt sich im Gegenteil angenehm leise. Wir möchten eine unaufdringliche Dienstleistung bieten, die dennoch spürbar präsent und sehr individuell ist – wir sind nahe am Gast mit respektvoller Distanz. Der Söl'ring Hof ist ein gastliches Haus geworden, in dem der Luxus systemimmanent und unaufdringlich ist. In dem alle Mitarbeiter dem Gast das Gefühl geben, tatsächlich angekommen

EINLEITUNG

zu sein, zu Hause zu sein. Nur ein bisschen bequemer und vielleicht auch ein bisschen umsorgter, aber auf jeden Fall in den besten Händen.

Für mich steht der Gast im Vordergrund, sicherlich ist dieses Bekenntnis für einen Koch, der gleichzeitig auch Gastgeber in einem Hotelbetrieb ist, nichts Besonderes. Dennoch leben wir im Söl'ring Hof diese Maxime konsequent und für den Gast spürbar und nachvollziehbar. Denn es geht uns darum, einzigartig zu sein, darum, den Gast als Individuum zu akzeptieren mit all seinen persönlichen Geschichten, Sorgen und Ansprüchen, Geschmäckern, Vorlieben, aber auch Abneigungen. Das ist zwar aufwändig und fordert das ganze Team heraus, ständig mit neuen Situationen umzugehen und die Individualität des Gastes in den Vordergrund zu stellen. Keine leichte Aufgabe, die ich da meinen Mitarbeitern zumute, aber der Söl'ring Hof lebt von diesem individuellen Charakter. Wir müssen den Gast auf gute Ideen bringen, seine Phantasie beflügeln und seine Gefühle berühren und ihm tatsächlich etwas geben. Nur wenn das gelingt, wird das Wort Gastgeber mit Sinn erfüllt. Denn das Glück, das jeder sucht, liegt in einer ehrlichen und herzlichen Gastfreundschaft verborgen, die relativ einfach zu leben ist. Dafür zieht das ganze Team an einem Strang und darauf bin ich besonders stolz. Wer vom Söl'ring Hof abreist, reist meist mit einem leicht traurigen Gesicht ab. Das ist gut so – eine freudestrahlende Abreise würde mir dagegen zu denken geben.

Wir sind Dienstleister und ich benutze das Wort gerne und bewusst, denn es macht mir Spaß und Vergnügen, Dienstleister zu sein. Es ist nichts Ehrenrühriges, anderen Menschen mit seiner Leistung Freude zu bereiten und sie zu animieren, selbst einen Moment Freude und Glück zu empfinden. Das hat nichts mit devotem Dienen zu tun. Der Gastgeber, als der ich mich empfinde, hat die Sache durchaus in der Hand. Dort wo der Ruf nach Individualität, weg von der Masse hin zu mehr Ansprache ist, da ist unserer Chance.

Vielleicht ist Sylt dafür das beste Umfeld, eine Insel, die trotz ihrer Popularität immer wieder ein Stück individuelle Freiheit zulässt und die trotz des Rummels auch Stille bietet. Es gibt ein Sylt-Gefühl, denn die Insel hat viele Genussfaktoren, die auch mich und meine Familie eingenommen haben. Die Luft gefällt uns, der Wind, die Wellen, die Musik machen, wenn sie auf den Strand treffen und die dicken Wolken am Himmel, die immer etwas anders aussehen als auf

dem Festland oder in den Bergen. Auf Sylt kann einem nicht die Decke auf den Kopf fallen, denn der freie Himmel ist hier besonders hoch. Sylt ist auch ein bisschen heile Welt. Das mag angesichts des Luxusimages von Kampen und Jetset vielleicht merkwürdig klingen, aber es ist so. Selbst die Prominenten leben hier relativ normal und ohne großes Aufsehen, sie passen sich der Insel an. Sie ist die eigentliche Prominente, Sylt mit all seinen Facetten ist dominant genug, dazu braucht es keinen Auftritt mit Glitzer und Sternchen.

Neben meiner Gastgeberrolle im Söl'ring Hof bin ich natürlich Koch geblieben, einer der sucht, der auch findet und der versucht, das Produkt möglichst sensibel auf den Teller zu bringen, transparent und appetitlich. Das ist nicht immer einfach und es war anfangs schwierig, auf Sylt frische und gute Produkte zu finden, die ich auch in meiner Küche einsetzen kann. Erst als ich Maria Schierz kennen lernte, öffnete sich langsam der Schatz an Produkten, die Sylt für meine Küche bereithält. Maria beschaffte Queller, das sind essbare Algen, Meeresschnecken aus dem Watt, fast vergessene Kräuter vom Wegesrand und zeigte mir die Hühner von den Salzwiesen.

Natürlich kann ich das ganze Küchenprogramm, das der Söl'ring Hof anbietet, und das auch die Gäste erwarten, nicht ausschließlich aus dem regionalen Angebot der Insel bedienen. Aber ein Teil ist sozusagen original Sylt, denn ein Produkt, das einen kurzen Weg zum Koch hat, das vielleicht gar kein Kühlhaus sehen muss, ist per se schon prädestiniert, als gutes Produkt angenommen zu werden. Gemüse und Lammfleisch beziehe ich weitgehend von der Insel, die Wildenten kommen von Föhr, die Meeräschen und Makrelen von der Freiwilligen Feuerwehr Rantum, die eigene Stellnetze unterhält und mir immer wieder fangfrische Fische anbietet. Dafür bin ich ihr sehr dankbar. Mein Traum war immer ein eigener Fischkutter, mit dem wir auf Fang gehen könnten. Und inzwischen bin ich »Kapitän« meines Kutters …

Und dann sind da natürlich noch die Austern, die legendären Sylter Royal, ein bemerkenswertes Produkt. Manchmal laufe ich mit Gästen ins Watt und besuche Austern-Chef Leo, der bei Wind und Wetter wortkarg im Watt steht und seine Arbeit macht. Wer diese Tour einmal mitgemacht hat, der bekommt ein völlig neues Austerngefühl und sieht, dass hier nichts im goldenen Netz wächst, dass die Natur ziemlich rau und erbarmungslos mit ihren Produkten umgehen kann, dass sie Mühsal und harte Arbeit vor den Genuss stellt. Nach dieser Erfahrung bekommt auch das Wort Luxusprodukt eine neue Dimension, und es wird deutlich, dass der Maßstab eines jeden Produktes die Qualität und nicht der Preis ist.

EINLEITUNG

Aber Qualität ist ein Lernprozess und einzig das handwerkliche Kochen kann mit natürlichen Produkten in ihrer ganzen Vielfalt und Unterschiedlichkeit arbeiten, auf eventuelle Fehler reagieren und sie gegebenenfalls ausbessern. Die Individualität des Kochs ist genau der Punkt, an dem das Produkt sich messen lassen muss. Produkte müssen miteinander harmonieren, Feintuning, Raffinesse in der Zubereitung, da fängt die Handschrift des Kochs, oder sagen wir, des Kochteams an. Mir ist es zu einfach, die vermeintliche Weltvielfalt auf die Teller meiner Gäste zu bringen, schließlich würde das überall gelingen. Aber die Frage ist doch, was zeichnet den Söl'ring Hof aus, warum gerade hier und nicht dort.

Unser Kochen, das jeder sehen kann, denn wir haben im Söl'ring Hof eine offene Küche, ist integriert in das Gesamtkunstwerk Restaurant. Mein Team und ich versuchen mit unserer Arbeit kleine genüssliche Wunderwelten zu schaffen, die Träume der Gäste Realität werden zu lassen und damit ein köstliches kleines inneres Kino zu beleben. Dafür müssen viele Dinge zusammenpassen: Speisen, Getränke, Ambiente, Tischdekoration, die Mitarbeiter, aber auch die Gäste. Diese Harmonie erhebt das Essen im Restaurant von der Nahrungsaufnahme, die an jedem beliebigen Ort stattfinden kann und gerade heute sozusagen in aller Munde ist. Denn noch nie war Nahrung so präsent. Heute kann man mit Leichtigkeit überall und zu jeder Zeit essen. Die Kühlschrankkultur des »Nur-zugreifen-müssens«, vor allem aber die Fertiggerichte versprechen die Unabhängigkeit vom Koch und Restaurant. Dabei liegt gerade hier der Reiz, in der persönlichen Note des Kochs, in seiner Idee und Fertigkeit, unvorhergesehene Dinge zu vereinen oder zu trennen. Dazu gehören auch der verschwenderische Umgang mit Zutaten, der Bruch mit Konventionen und Traditionen, das Herausarbeiten neuer Intensitäten, das Kaschieren von Gewohntem, das Hervorheben oder Zurücknehmen eines Geschmacks.

Natürlich kann jedes Lebensmittel in Frage gestellt werden, die Geschmäcker sind verschieden, Genuss und Gesundheit sind nur selten gut miteinander in Einklang zu bringen, aber eines ist sicher: Sparsamkeit geht auf Kosten der Qualität. Der gute Geschmack aber ruft Verlangen hervor und versinnlicht die Geschmacksempfindungen, lässt neue Welten entdecken und setzt das kleine Kopfkino in Bewegung. Das ist unser Ziel im Söl'ring Hof, Restaurant- und Hotelkultur zu zelebrieren, nicht theatralisch, aber nachhaltig. Gelingt dies, dann erfährt der Gast etwas von jener Leidenschaft, die ich für das Kochen empfinde und die mir immer wieder Lust auf Neues und Lust aufs Leben macht.

EINLEITUNG

FÜR 6 PERSONEN

SPARGELSALAT
3 Bund weißer Spargel
3 Bund grüner Spargel
Weißweinessig, Sonnenblumenöl, weißer Pfeffer, Meersalz, Zucker, Pfeffer

KABELJAU
400 g schieres, festes Kabeljaufilet
1 Ei
etwas frisch geriebenes Weißbrot
geklärte Butter zum Backen

MORCHELN À LA CRÈME
250 g frische, geputzte kleine Spitzmorcheln
30 g frische Butter
2 fein geschnittene Schalotten
60 ml Madeira
weißer Pfeffer
2 EL geschlagene Sahne

ANRICHTEN
Schnittlauch, Kerbel

WARMER SPARGELSALAT MIT FRISCHEN MORCHELN À LA CRÈME UND GEBACKENEM KABELJAU

SPARGELSALAT

Den weißen Spargel vorsichtig schälen und in leicht gewürztem Salzwasser mit einer Prise Zucker und einem Spritzer Zitronensaft knackig kochen. Schnell abkühlen und im Spargelfond etwas ziehen lassen. Vom Spargelfond etwas abnehmen und darin den grünen, ebenfalls geschälten Spargel knackig kochen. Sofort abschrecken, damit die grüne Farbe erhalten bleibt.
Vom grünen und weißen Spargel die Köpfe abschneiden. Die Stangen in grobe Stücke schneiden und mit etwas Weißweinessig, Sonnenblumenöl, Spargelfond, Meersalz, Zucker und Pfeffer marinieren. Die Spargelköpfe getrennt mit der gleichen Marinade marinieren.

KABELJAU

Das Kabeljaufilet in fingerdicke Stücke schneiden, leicht mit Meersalz und Pfeffer würzen. Ei aufschlagen, die Kabeljaustücke darin wälzen und anschließend mit den frisch geriebenen Weißbrotbröseln leicht panieren. Ca. 15 Sekunden in sehr heißer geklärter Butter backen.

MORCHELN À LA CRÈME

Die Morcheln in aufgeschäumter Butter mit den Schalotten kurz und heiß anschwitzen. Mit Madeira ablöschen, mit Meersalz und etwas frisch gemahlenem weißem Pfeffer würzen. Die geschlagene Sahne dazugeben, vom Herd nehmen und 2 bis 3 Minuten ziehen lassen.

ANRICHTEN

Den lauwarmen Spargelsalat in die Tellermitte geben und die Spargelköpfe rundherum legen. Die Morcheln à la crème darauf verteilen und sofort die gebackenen Kabeljaustreifen darüberlegen. Mit wenig Meersalz bestreuen und nach Belieben mit ein paar Schnittlauchspitzen und Kerbelblättern garnieren.

TIPP

Die Kabeljaustücke müssen mindestens fingerdick sein, damit sie beim kurzen Braten saftig bleiben. Der Fisch soll auch nicht zu stark paniert werden, sonst wird der Kabeljaugeschmack vom Weißbrot übertönt.

WARMER SPARGELSALAT MIT
FRISCHEN MORCHELN À LA CRÈME
UND GEBACKENEM KABELJAU

FÜR 6 PERSONEN

RAVIOLIFÜLLUNG
500 g Schluppen (kleine Frühlingszwiebeln mit Grün)
10 feste weiße Champignons
etwas Butter
Meersalz, Zucker, Zitronensaft, weißer Pfeffer

RAVIOLI
500 g Nudelteig (siehe Rezept Seite 80)
1 Eigelb
etwas Milch

FRÜHLINGSGEMÜSE
50 ml Gemüsefond
1 Thymianzweig, Meersalz, weißer Pfeffer
18 kleine Bundmöhren
etwas Butter
40 ml Noilly Prat

KALBSHERZBRIES
300 g Kalbsherzbries
250 ml heller Kalbsfond
40 g Butter

SCHLUPPEN-RAVIOLI MIT KALBSHERZBRIES UND FRÜHLINGSGEMÜSEN

MORCHELN
150 g kleine feste Spitzmorcheln
2 fein geschnittene Schalotten
etwas Butter
40 ml Madeira
2 EL geschlagene Sahne
Salz, Pfeffer

SELLERIECREME
1 Sellerieknolle
etwas Milch
Meersalz, weißer Pfeffer, Zucker, Zitronensaft

ANRICHTEN
Kerbel, Schnittlauch, Thymian, Spitzwegerich, Giersch usw. nach Belieben
Gemüsefond

SCHLUPPEN-RAVIOLI MIT KALBSHERZBRIES UND FRÜHLINGSGEMÜSEN

RAVIOLIFÜLLUNG

Die Schluppen putzen, waschen und die weißen »Zwiebelchen« beiseitestellen. Das Grün und die Champignons klein schneiden. Etwas Butter in einem Topf aufschäumen lassen, das Schluppengrün und die Champignons dazugeben, 3 bis 4 Minuten anschwitzen, mit etwas Meersalz, einer ganz kleinen Prise Zucker, 2 bis 3 Tropfen Zitronensaft sowie etwas frisch gemahlenem weißem Pfeffer würzen. 5 Minuten abgedeckt bei schwacher Hitze ziehen lassen, dann sofort abkühlen. 2 bis 3 EL von der Masse zum Anrichten zurückbehalten.

RAVIOLI

Nudelteig dünn ausrollen. Eigelb mit etwas Milch verquirlen und den Teig dünn damit bepinseln. Pro Ravioli 1/2 EL Füllung aufsetzen und mit dem Nudelteig schließen. Teigränder gut andrücken, ausschneiden oder ausstechen. Kurz vor dem Servieren in köchelndem Salzwasser ca. 2 Minuten garen. Ravioli auf einem Tuch abtropfen lassen und kurz in einer Pfanne mit brauner Butter schwenken.

FRÜHLINGSGEMÜSE

Die kleinen Zwiebelchen in etwas Butter anschwitzen, ganz wenig Gemüsefond angießen, einen kleinen Thymianzweig dazugeben, mit Meersalz und frisch gemahlenem weißem Pfeffer würzen. Bei schwacher Hitze zugedeckt weich dünsten. Nur so viel Flüssigkeit verwenden, dass diese vollständig verdunstet und die kleinen Zwiebelchen im eigenen Buttersaft glasiert werden.
Die kleinen Bundmöhren putzen, in Butter anschwitzen und mit wenig Noilly Prat ablöschen. Etwas Gemüsefond dazugeben, mit wenig Meersalz, einer Prise Zucker und etwas frisch gemahlenem weißem Pfeffer würzen. Zugedeckt bei schwacher Hitze weich dünsten. Hier ebenfalls nur so viel Flüssigkeit verwenden, dass diese vollständig verdunstet und die kleinen Bundmöhren im eigenen Buttersaft glasiert werden.

KALBSHERZBRIES

Das gewässerte und parierte Kalbsherzbries in hellem Kalbsfond einmal aufkochen lassen und bei schwacher Hitze zugedeckt ca. 10 Minuten ziehen lassen. Kurz abschrecken, dann in nicht zu kleine Segmente zerteilen, damit es beim Braten saftig bleibt. Die Briesröschen in geklärter Butter goldgelb braten und nur leicht mit Meersalz und frisch gemahlenem weißem Pfeffer würzen. Butter aus der Pfanne gießen, den Bratensatz mit einem Teil des Kalbsbriesfonds ablöschen und in einem Topf beiseitestellen.

MORCHELN

Die gewaschenen Spitzmorcheln mit den gewürfelten Schalotten in Butter anschwitzen, mit Madeira ablöschen, geschlagene Sahne dazugeben und sofort vom Herd nehmen. Leicht salzen und pfeffern.

SELLERIECREME

Knollensellerie schälen, in grobe Würfel schneiden und mit wenig Salz-Milchwasser zugedeckt langsam weich kochen. Nur so viel Salz-Milchwasser verwenden, dass die Flüssigkeit gerade ausreicht, um den Sellerie weich zu kochen. Nun den Sellerie in einer Mulinette ganz fein pürieren. Mit grobem Meersalz, frisch gemahlenem weißem Pfeffer, einigen Tropfen Zitronensaft und einer kleinen Prise Zucker abschmecken.

ANRICHTEN

Zum Anrichten pro Portion einen großen Esslöffel Selleriecreme auf den Teller geben, darauf drei kleine Ravioli setzen. Auf jede Ravioli etwas von der Füllung geben. Dann die Gemüse, die Morcheln und das Kalbsherzbries dazugeben. Mit Kräutern garnieren, den abgelöschten Kalbsbriesfond mit einigen eiskalten Butterstückchen kurz aufmixen und alles damit umgießen.

TIPP

Den Kalbsfond mit dem Bries können Sie gut würzen, indem Sie ein paar helle Gemüsesorten wie zum Beispiel Fenchel, Staudensellerie, Sellerie, Schalotten, weiße Pfefferkörner oder Champignons dazugeben.

Nehmen Sie zum Garen nur so viel Fond, dass das Bries bedeckt ist, und reduzieren Sie nach dem Garen den Fond um die Hälfte. So entsteht eine gute Grundsauce für dieses Gericht.

SCHLUPPEN-RAVIOLI MIT KALBSHERZBRIES UND FRÜHLINGSGEMÜSEN

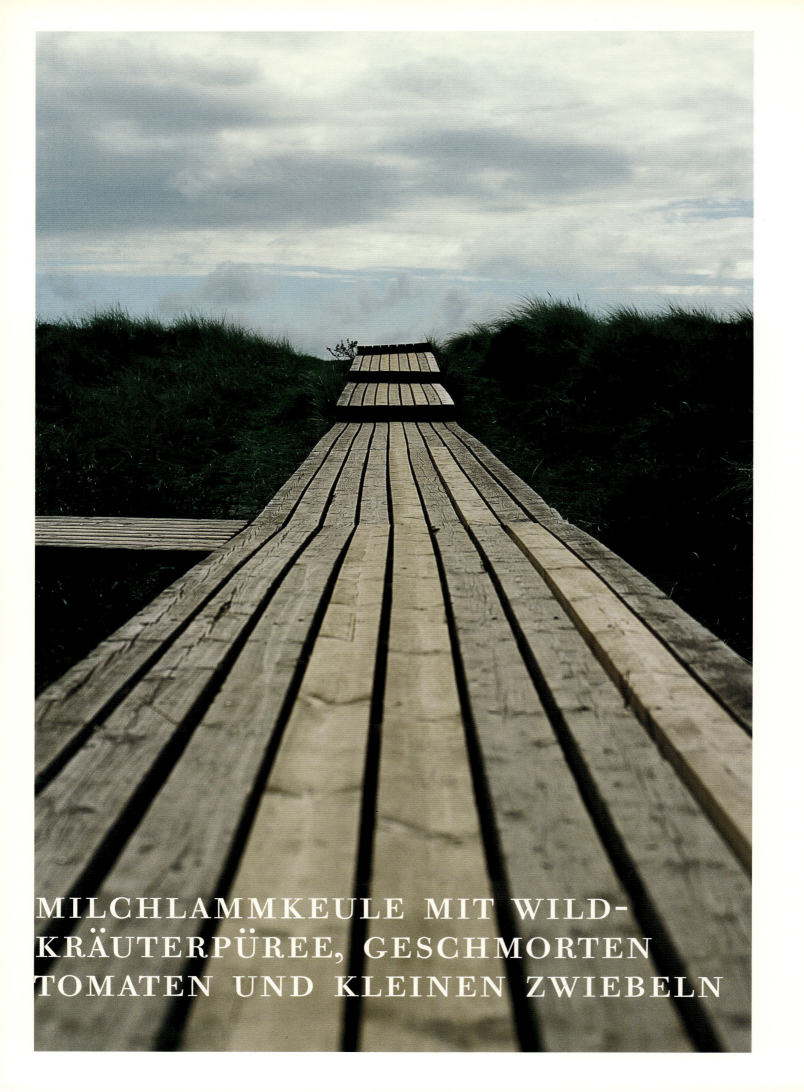

FÜR 6 PERSONEN

MILCHLAMMKEULE
1 Milchlammkeule, ca. 800–1000 g
etwas Sonnenblumenöl, Butter, Thymian
etwas gewürfelter Sellerie, Karotte, Gemüsezwiebel und Champignons
Meersalz, frisch gemahlener schwarzer Pfeffer

GESCHMORTE TOMATEN
20 kleine Gemüsetomaten
etwas Olivenöl, blanchierter Knoblauch, Meersalz, frisch gemahlener schwarzer Pfeffer und Rosmarin

WILDKRÄUTERPÜREE
1 Stange Lauch
etwas Butter, Meersalz und frisch gemahlener weißer Pfeffer
2 Handvoll gezupfte, gewaschene Wildkräuter (Baldrian, Giersch, Sauerampfer, Bachkresse, Liebstöckel usw.)
200 g sehr festes Kartoffelpüree
einige Tropfen Zitronensaft, etwas Knoblauch

ZWIEBELN
300 g kleine Perlzwiebeln
etwas Butter, Gemüsefond, 1 Thymianzweig, Zucker, Meersalz, Pfeffer

MILCHLAMMKEULE MIT WILDKRÄUTERPÜREE, GESCHMORTEN TOMATEN UND KLEINEN ZWIEBELN

MILCHLAMMKEULE

Die Milchlammkeule leicht würzen. Mit Sonnenblumenöl und etwas frischer Butter von allen Seiten mild anbraten, so dass sie gleichmäßig röstet. Die Keule aus dem Bräter nehmen und die Gemüse darin leicht anbraten. Milchlammkeule und Thymian dazugeben und im auf 120 °C vorgeheizten Backofen ca. 20 Minuten garen. 1- bis 2-mal mit der Flüssigkeit begießen. Den Ofen kurz öffnen, auf 70 °C reduzieren und die Keule weiter 40 bis 50 Minuten braten. Das Fleisch soll langsam garen – lieber die Garzeit verlängern, dafür die Temperatur niedrig halten.

GESCHMORTE TOMATEN

Die Tomaten mit einem scharfen Messer einritzen und sofort in Olivenöl anbraten. Gewürze und Kräuter dazugeben und abgedeckt bei schwacher Hitze ca. 30 Minuten ziehen lassen.

WILDKRÄUTERPÜREE

Den Lauch waschen und in Ringe schneiden. In etwas Butter anschwitzen, mit Meersalz und frisch gemahlenem weißem Pfeffer würzen und bei milder Hitze zugedeckt ca. 10 Minuten weich schmoren. Schnell abkühlen. Zwischenzeitlich die Wildkräuter durch den Entsafter geben. Mit dem abgekühlten Lauch vermischen und ganz fein mixen. Das Lauch-Wildkräuter-Gemisch in einen kleinen Topf geben und nach und nach nur so viel Kartoffelpüree hinzufügen, dass die gewünschte Konsistenz entsteht. Mit einigen Tropfen Zitronensaft, etwas Knoblauch, Meersalz und frisch gemahlenem weißem Pfeffer abschmecken.

ZWIEBELN

Die kleinen Perlzwiebeln schälen und in Butter anschwitzen. Gemüsefond, Thymianzweig, eine kleine Prise Zucker, Meersalz und Pfeffer aus der Mühle dazugeben. Die Zwiebelchen im Fond weich schmoren lassen, herausnehmen und den Fond ganz einkochen. Kurz vor dem Anrichten nochmals in dem reduzierten Fond schwenken.

ANRICHTEN

Die Tomaten, Zwiebelchen und das Kräuterpüree auf dem Teller verteilen. Kleine Scheiben von der Milchlammkeule dazwischenlegen. Den Bratensaft darübergießen, mit Meersalz und frisch gemahlenem weißem Pfeffer würzen. Mit etwas frischem Majoran und Thymian garnieren.

MILCHLAMMKEULE MIT WILDKRÄUTERPÜREE, GESCHMORTEN TOMATEN UND KLEINEN ZWIEBELN

FÜR 6 PERSONEN

FEUILLETÉ
2 große geschälte Kartoffeln
etwas Erdnussöl zum Braten
150 g Schnibbelbohnen
1 grüner kräftiger Apfel (Granny Smith)
80 g geräucherter Bauchspeck
3 große geschälte Schalotten
120 g Wildkräuter-Salat (Gundermann, Giersch, Bachkresse, Wiesenkümmel, Kerbel, Estragon)
Zucker, Salz, schwarzer Pfeffer, Zitrone, Traubenkernöl

MEERRETTICH-VINAIGRETTE
100 ml Gemüsefond
80 ml Sonnenblumenöl
1 TL Zucker
1 große Prise Salz, etwas frisch gemahlener Pfeffer
Zitrone
1 EL sehr fein geriebener frischer Meerrettich
2 EL Sherryessig

ANRICHTEN
12 kleine Matjesfilets

KARTOFFEL-FEUILLETÉ MIT APFEL, BOHNEN, WILDEN KRÄUTERN, MATJES UND MEERRETTICH-VINAIGRETTE

FEUILLETÉ
Die Kartoffeln in hauchdünne, längliche große Scheiben schneiden und in Erdnussöl knusprig frittieren. Pro Person benötigen Sie 4 Kartoffelblätter.
Die Schnibbelbohnen waschen, in längliche Rauten schneiden und in kräftigem Salzwasser so lange kochen, bis sie nur noch wenig Biss haben. Die Bohnen sofort in Eiswasser abschrecken und abtropfen lassen.
Den Apfel waschen, schälen und achteln. Die Achtel feinblättrig schneiden und beiseitestellen. Den Speck in ganz dünne Streifen schneiden und in einer Pfanne so lange erhitzen, bis er schön kross ist. Die fein geschnittenen Schalottenwürfel dazugeben und mitrösten, bis sie etwas Farbe annehmen – so entwickeln sie mit dem Speck zusammen einen wunderbaren Geschmack. Die Bohnen und den feinblättrig geschnittenen Apfel dazugeben und kurz mitschwenken. Leicht salzen und pfeffern und mit ein wenig frisch gehacktem Giersch vermengen.
Gundermann, Giersch, Wiesenkümmel, Bachkresse, Estragon und Kerbel waschen, trocken schleudern und mundgerecht zupfen. Mit Traubenkernöl, Zitrone, Salz, Zucker, frisch gemahlenem schwarzem Pfeffer und etwas Sherryessig leicht marinieren.

MEERRETTICH-VINAIGRETTE
Etwas Gemüsefond mit Zucker, Salz, Zitrone, Sonnenblumenöl und frisch geraspeltem Meerrettich vermischen. Die Vinaigrette darf nicht zu scharf sein. Eine zweite Dressing-Variante kann man herstellen, indem man ein wenig von der Mischung abnimmt und mit Sauerrahm vermengt. Das gibt geschmacklich und optisch einen schönen Kontrast.

ANRICHTEN
Die Matjesfilets in längliche, bleistiftdünne Streifen schneiden. Je Portion ein Kartoffelblatt auf einen Teller geben. Apfel, Bohnen und Specksalat daraufgeben, dann drei Heringstreifen, danach etwas Wildkräuter-Salat. Leicht mit der Meerrettich-Vinaigrette beträufeln und den Vorgang dreimal wiederholen. Mit langen Schnittlauchspitzen und hauchdünnen Meerrettichstreifen garnieren. Ein Kartoffelblatt in die Hand nehmen und Schicht für Schicht essen (mit Messer und Gabel zerpflückt man sonst alles).

KARTOFFEL-FEUILLETÉ MIT APFEL, BOHNEN, WILDEN KRÄUTERN, MATJES UND MEERRETTICH-VINAIGRETTE

ARBORIO-RISOTTO MIT SPINATSALAT UND BIANCHETTI-TRÜFFEL

FÜR 4 PERSONEN

ARBORIO-RISOTTO
4 Schalotten
60 ml Olivenöl
250 g Arborio-Risottoreis
80 ml Noilly Prat
60 ml trockener Weißwein
ca. 300 ml Geflügel- oder Gemüsebrühe
etwas grobes Meersalz und weißer Pfeffer
1 EL Limonensaft
50 g eiskalte Butterflocken
40 g frisch geriebener alter Parmesan
2 EL geschlagene Sahne

SPINATSALAT
1 Schalotte
20 g Butter
1/2 geschälte Knoblauchzehe
150 g Spinatsalat
Meersalz, weißer Pfeffer

ANRICHTEN
50 g frischer weißer Bianchetti-Trüffel

ARBORIO-RISOTTO MIT SPINATSALAT UND BIANCHETTI-TRÜFFEL

ARBORIO-RISOTTO

Die Schalotten schälen, fein würfeln und in dem Olivenöl glasig dünsten. Den Risottoreis dazugeben, kurz mitdünsten, dann mit dem Noilly Prat und dem Weißwein ablöschen. Den Risotto köcheln lassen, bis die Flüssigkeit vollständig aufgesogen ist. Mit Geflügelbrühe aufgießen. Den Risotto unter ständigem Rühren bei schwacher Hitze garen. Mit Meersalz, frisch gemahlenem weißem Pfeffer und Limonensaft abschmecken. Kurz vor dem Servieren die eiskalten Butterflocken und den Parmesan einrühren und die geschlagene Sahne unterheben. Nochmals vorsichtig abschmecken.

SPINATSALAT

Die Schalotte schälen, fein würfeln und in der frischen Butter anschwitzen, kurz die halbierte Knoblauchzehe dazugeben (höchstens 10 Sekunden). Die gewaschenen, von den Stielen befreiten Spinatsalatblätter dazugeben und sofort wieder vom Herd nehmen. Den Salat ganz leicht mit etwas Meersalz und frisch gemahlenem weißem Pfeffer würzen.

ANRICHTEN

Den Spinatsalat sofort auf dem Risotto verteilen und reichlich Bianchetti-Trüffel darüberhobeln.

TIPP

Sie können den Risotto schon etwas früher vorbereiten. Dabei müssen Sie nur darauf achten, dass Sie die Garzeit rechtzeitig abbrechen, d. h. Sie müssen den Risotto, wenn er noch einen relativ festen Biss hat, vom Herd nehmen, kräftig umrühren und sofort auf ein Tablett gießen, damit er schnell auskühlen kann.
Später fahren Sie wie im Rezept beschrieben fort. Sie brauchen allerdings zusätzlich etwas Gemüse- oder Geflügelfond, um den Risotto wieder auf die richtige Temperatur und Konsistenz zu bringen.

GESCHMORTES ZICKLEIN MIT NAVETTEN, JUNGEN ZWIEBELN UND FRÜHLINGSKNOBLAUCH

GESCHMORTES ZICKLEIN MIT NAVETTEN, JUNGEN ZWIEBELN UND FRÜHLINGSKNOBLAUCH

FÜR 6 PERSONEN

MARINADE

150 ml fruchtiges Olivenöl
abgeriebene Schale von 1/2 Zitrone
1 TL gemahlener schwarzer Pfeffer
1 TL gemahlener weißer Pfeffer
1 TL Meersalz
1 EL fein gehackter Thymian und Rosmarin
2 fein gehackte, blanchierte Knoblauchzehen
1 TL mittelscharfer Senf

GESCHMORTES ZICKLEIN

500 g Zickleinschulter
500 g Zickleinrücken
500 g Zickleinbauch
6 Zickleinnieren
40 ml Sonnenblumenöl
80 g Butter
10 geschälte, halbierte Schalotten
25 geschälte Perlzwiebeln
25 kleine, geschälte Navetten
25 kleine, geschälte Kartoffeln
1 Knolle frischer grüner Knoblauch, in drei dicke Scheiben geschnitten
450 ml leichter Geflügel- oder Kalbsfond
3 Stängel frischer Thymian
3 Stängel frischer Rosmarin
schwarzer Pfeffer, Meersalz

MARINADE

Alle Zutaten für die Marinade vermengen. Das Zickleinfleisch (bis auf die Nieren) zugeben und 3 bis 4 Stunden oder auch über Nacht durchziehen lassen.

GESCHMORTES ZICKLEIN

Das Fleisch leicht abtupfen und in einem Bräter mit Sonnenblumenöl und Butter bei milder Hitze von allen Seiten ca. 4 bis 5 Minuten anbraten. Mit Meersalz und schwarzem Pfeffer vorsichtig würzen und herausnehmen.

Das Gemüse und die Kartoffeln in den Bräter geben. Langsam bei milder Hitze anbraten, so dass leichte Röststoffe entstehen. Nun die Zickleinschulter und den Zickleinbauch sowie die Knoblauchscheiben dazugeben und in den auf 140 °C vorgeheizten Backofen schieben. Nach ca. 45 Minuten mit der Hälfte des Geflügelfonds ablöschen. Den Zickleinrücken dazugeben und nach ca. 25 Minuten mit dem restlichen Geflügelfond ablöschen. Die Kräuterzweige dazugeben. Zickleinnieren in etwas frischer Butter kurz von allen Seiten anbraten, ganz leicht salzen und pfeffern und mit in den Bräter geben. Jetzt den Backofen auf 180 °C Oberhitze stellen und alles ca. 10 Minuten von oben bräunen lassen.

ANRICHTEN

Das Gemüse, die Kartoffeln und das Fleisch auf Tellern anrichten. Die Nieren darauf verteilen. Alles mit dem Bratensaft umgießen.

TIPP

Verlassen Sie sich bei den Temperaturen und Zeiten nicht alleine auf die Angaben im Rezept. Jeder Backofen ist etwas anders, jedes Zicklein von der Fleischstruktur, vom Alter und von der Dauer des Abhängens her ebenfalls.

Wichtig ist, dass alles zusammen fertig wird. Die Kartoffeln, Perlzwiebeln und Navetten sollen weich sein. Die halbierten Schalotten dürfen ruhig ein bisschen verkochen/kompottartig werden. Die Schulter und die Bauchlappen müssen geschmort sein, das Rückenfleisch aber leicht rosa bleiben und im Bräter soll ein wohlschmeckender leichter Jus vorhanden sein.

Natürlich können Sie dieses Gericht auch mit Kaninchen oder Milchlamm zubereiten.

GESCHMORTES ZICKLEIN MIT NAVETTEN, JUNGEN ZWIEBELN UND FRÜHLINGSKNOBLAUCH

FÜR 4 PERSONEN

SAUCE
60 g geräucherter Speck
30 g Kartoffeln, 2 Schalotten
40 ml Noilly Prat
100 ml leichter Geflügelfond
40 g Crème double
grobes Meersalz, weißer Pfeffer, Zitronensaft

RISOTTO
1 großer Kopfsalat
250 g Carnaroli-Risottoreis
20 g gesalzene Butter
30 ml Traubenkernöl
3 Schalotten
80 ml Noilly Prat, 100 ml trockener Weißwein
40 g alter Cantal salé (französischer Hartkäse)
Zitrone, weißer Pfeffer, Knoblauch, Meersalz, Chilipulver

WEISSER SPECKSCHAUM
200 g geräucherter Bauchspeck, 2 Schalotten, 40 g Champignons, 1 Stück Speckschwarte
je 1 TL weißer, schwarzer, grüner und rosa Pfeffer
50 ml trockener Weißwein, 50 ml Noilly Prat
100 ml leichter Kalbsfond
100 g Crème double
etwas Knoblauch, Thymian, Rosmarin und Estragon
Zitronensaft, Meersalz, weißer Pfeffer, 1 TL Quittengelee

HUMMER
2 Hummer à 500 g, 30 g gesalzene Butter, Salz, Pfeffer

KOPFSALAT-RISOTTO MIT GEBRATENEM HUMMER UND WEISSEM SPECKSCHAUM

SAUCE

Den Speck in feine Streifen schneiden und in einem großen Topf so lange erhitzen, bis er braun und kross ist. Die Speckstreifen vorsichtig herausnehmen – wir brauchen nur das leicht rauchige Speckfett. Die grob gewürfelten Kartoffeln und die Schalotten kräftig darin anschwitzen, ohne dass sie Farbe annehmen. Mit Noilly Prat ablöschen, kurz einkochen lassen, dann mit Geflügelfond und Crème double aufgießen. Etwa 15 Minuten köcheln lassen, dann alles ganz fein mixen und durch ein feines Sieb geben. Mit Salz, Pfeffer und Zitronensaft abschmecken.

RISOTTO

Den Kopfsalat von Strunk und Stielen befreien, waschen. Zwei bis drei schöne Blätter ganz fein schneiden. Nur die hellgrünen restlichen Kopfsalatblätter durch den Entsafter geben. Den Saft kühl und dunkel stellen. Den Risottoreis kurz waschen. Öl und Butter erhitzen, die fein geschnittenen Schalotten leicht anschwitzen, ohne dass sie Farbe annehmen. Risottoreis dazugeben und kurz mitschwitzen. Den Reis mit Noilly Prat und Weißwein ablöschen, bei schwacher Hitze die ganze Flüssigkeit wegköcheln lassen. Nach und nach 150 ml der Specksauce dazugeben und den Risotto bei schwacher Hitze unter ständigem Rühren ca. 15 bis 18 Minuten garen. Unter ständigem Rühren den geriebenen Cantal Salé einrühren. Jetzt erst den Kopfsalatsaft einrühren. Dabei nur so viel Saft verwenden, dass der Risotto nicht zu flüssig wird. Den fein geschnittenen Kopfsalat 5 Sekunden in Butter anschwitzen, sofort unter den Risotto geben. Den Risotto mit weißem Pfeffer, Zitrone, Knoblauch, Meersalz und Chilipulver würzen.

WEISSER SPECKSCHAUM

Den Bauchspeck fein schneiden und bei milder Hitze in einem Topf auslassen. Die Speckstücke herausnehmen, die fein geschnittenen Schalotten, Champignons, die Speckschwarte und die Pfeffersorten dazugeben und anschwitzen. Mit Weißwein und Noilly Prat ablöschen, dann den Kalbsfond und die Crème double dazugeben. Etwa 20 Minuten leicht köcheln lassen. Aus den Kräutern ein kleines Bündchen machen und etwa 5 Minuten in der Sauce ziehen lassen. Kräuter und Speckschwarte entfernen. Die Sauce leicht anmixen und passieren. Mit etwas Zitronensaft, Meersalz, gemahlenem weißem Pfeffer und Quittengelee abschmecken.

HUMMER

Den Hummer je nach Größe glasig kochen und kalt abschrecken. Dann mit einem scharfen Sägemesser das Schwanzstück in 3 cm dicke Segmente schneiden. Die Hummerstücke in gesalzener Butter bei nicht zu starker Hitze kurz anbraten. Nur ganz leicht pfeffern.

ANRICHTEN

Den Kopfsalatrisotto in einen tiefen Teller geben. Die gebratenen Hummerstücke dazulegen und mit dem aufgemixten Speckschaum umgießen.

FÜR 6 PERSONEN

KARTOFFEL-OLIVENPÜREE
250 g geschälte Kartoffeln
100 ml Olivenöl
etwas heller Kalbsfond (siehe Rezept Seite 340)
Meersalz, weißer Pfeffer, etwas Knoblauch

GEMÜSE
80 g Fenchel
80 g Staudensellerie
80 g Karotten
2 Schalotten
60 ml Olivenöl
60 ml Noilly Prat
6 Tomaten

TAPENADE
150 g entsteinte schwarze Oliven
1 EL Kapern
1 EL Sardellen
80 ml Olivenöl
1 TL Honig
1/2 Knoblauchzehe
1 EL Sherry
2 EL Balsamicoessig
etwas fein gehackter Rosmarin und Thymian
Salz und Pfeffer

BOUILLABAISSE À LA KING

FISCHSUPPE

100 g Champignons
4 geschälte Schalotten
80 g Fenchel
80 g Staudensellerie
100 ml Olivenöl
50 ml Noilly Prat
50 ml Pernod
1 Knoblauchzehe
1,5 kg zerteilte Fischkarkassen (Steinbutt, Seezunge, Dorade, Drachenkopf usw.)
1 Lorbeerblatt
3–4 kleine Stückchen Orangenschale (ohne weiße Haut)
2 Knoblauchzehen
20 Pfefferkörner
1 EL Korianderkörner
je 2 Zweige Estragon, Thymian und Rosmarin
etwas Fenchelkraut
30 Safranfäden
800 g Fischfilets (Rotbarbe, Dorade, Seeteufel, Knurrhahn, Steinbutt, Rochenflügel)
Salz

BOUILLABAISSE À LA KING

KARTOFFEL-OLIVENPÜREE

Die Kartoffeln in möglichst wenig Salzwasser weich kochen, so dass keine Flüssigkeit abgegossen werden muss, sondern das restliche Kartoffelwasser mitverwendet werden kann. Die weichen Kartoffeln zu Püree stampfen, mit Olivenöl aufrühren bzw. mit dem Stabmixer glatt mixen. Vorsichtig mit etwas Meersalz, weißem Pfeffer und Knoblauch würzen. Eventuell etwas hellen Kalbsfond zugeben, um dem Püree die gewünschte Konsistenz zu verleihen.

GEMÜSE

Das Gemüse in Würfel schneiden. Die fein geschnittenen Schalotten in Olivenöl anschwitzen, Gemüsewürfel dazugeben und alles zusammen kräftig anschwitzen. Mit Noilly Prat ablöschen, sofort abdecken und bei geringer Hitze ca. 30 Minuten ziehen lassen. Das Gemüse soll eine kompottartige Konsistenz haben. Die Tomaten überbrühen, häuten, entkernen, in Würfel schneiden und beiseitestellen.

TAPENADE

Oliven, Kapern und Sardellen fein hacken. Mit Olivenöl, Honig, Knoblauch, Sherry und Balsamicoessig vermengen und mit einem Mixstab grob pürieren. Rosmarin und Thymian dazugeben und alles gut abschmecken.

FISCHSUPPE

Gemüse waschen, klein schneiden und in einem großen Topf in Olivenöl anschwitzen. Mit Noilly Prat und Pernod ablöschen.
Die Fischkarkassen dazugeben und mit eiskaltem Wasser (max. 2 Liter) so weit aufgießen, dass sie gerade bedeckt sind. Das Ganze langsam zum Köcheln bringen und den weißen Schaum an der Oberfläche stetig abschöpfen.
Die Gewürze und Kräuter dazugeben und ca. 20 min. köcheln lassen. Alles vorsichtig durch ein Sieb drücken und nochmals ca. 20 Minuten leicht einkochen lassen. Jetzt den Sud kurz mit dem Stabmixer anmixen und abschmecken.
Die Fischfilets leicht würzen und in den heißen Fischsud einlegen. Die Garzeit richtet sich nach der Größe der Fischfilets. Bei suppenlöffelgroßen Stücken beträgt sie maximal 3 bis 4 Minuten.

ANRICHTEN

Das heiße Kartoffel-Olivenpüree in einen Teller geben, die Fischfilets darauflegen. Das heiße Gemüse (die Tomatenwürfel im letzten Moment hinzufügen) daraufgeben und mit dem nochmals kurz aufgemixten Fischsud übergießen. Mit Fenchelkraut, Tapenade und geröstetem Brot servieren.

TIPP

Sie können das Gericht auch mit einer Aioli à la King servieren. Dazu 4 EL kaltes Kartoffel-Olivenpüree, 5 EL kräftige Knoblauch-Safran-Mayonnaise, den Saft von 1/4 Limone, etwas Chilischote, Knoblauchöl und reichlich frisch gemahlenen schwarzen Pfeffer vermengen, das Röstbrot hineinstippen oder über die Bouillabaisse geben.

Tapenade können Sie sehr gut auf Vorrat herstellen. Sie lässt sich problemlos 2 bis 3 Wochen im Kühlschrank aufbewahren.

Eingelegten Knoblauch können Sie ebenfalls auf Vorrat herstellen. Knoblauch schälen, halbieren und den Faden in der Mitte herausnehmen. Nun den Knoblauch in kalte Milch legen und langsam bei schwacher Hitze zum Köcheln bringen. Milch abgießen, Knoblauch abwaschen und den Vorgang mit der Milch nochmals wiederholen. (Das geronnene Milcheiweiß bindet die bittern ätherischen Öle.) Danach den Knoblauch gut abtupfen und in neutrales Sonnenblumenöl einlegen. Sie können auch den Knoblauch mit dem Stabmixer und dem Öl fein mixen, so haben Sie immer wohl riechendes Knoblauchöl. Kühl und dunkel aufbewahren.

Die Fischfilets können Sie auch ganz kurz auf der Hautseite anbraten und dann in den Fischsud legen – das gibt zusätzliche Röst- und Geschmacksstoffe.

STRANDLEBEN

FÜR 6 PERSONEN

CROUSTILLANT

50 g Zanderfarce
50 g Krustentierfarce
1 kg Königskrabbenbeinfleisch in der Schale (ergibt ca. 400 g reines Fleisch)
30 g blanchierte Fenchelwürfel
30 g blanchierte Staudenselleriewürfel
Zitronensaft, Meersalz, Zitronenpfeffer
je 1 TL fein gehackter Kerbel und Estragon
1 EL geschlagene Sahne
2 EL reduzierter Noilly Prat (4 cl auf die Hälfte einkochen)
ein kleines Päckchen Kataifi-Teig (Teigfäden, erhältlich im asiatischen oder türkischen Feinkostgeschäft)
Erdnuss- oder Sonnenblumenöl zum Frittieren

KRUSTENTIERJUS

700 g Königskrabbenschalen
50 g Butter
50 g Fenchel
50 g Staudensellerie
50 g Champignons
50 g Schalotten
1 Tomate
1 TL Tomatenmark
100 ml Noilly Prat
800 g leichter Fischfond
etwas Fenchelsamen, Knoblauch, je ein Estragon- und Kerbelzweig, Senfsaatkörner, weißer Pfeffer, Meersalz, etwas Koriander
40 g eiskalte Butterstückchen

CROUSTILLANT VON DER
KÖNIGSKRABBE AUF RÜBCHEN-
KOMPOTT UND KRUSTENTIERJUS

RÜBCHENKOMPOTT

200 g Navetten (scharfe, rettichähnliche weiße Rübchen)

300 g Teltower Rübchen (zapfenähnliche weiße Rübchen)

1 fein geschnittene Schalotte

30 g Butter

1 große Prise Zucker

100 ml heller Kalbsfond

Meersalz, frisch gemahlener weißer Pfeffer, etwas Zitronensaft

30 g Navettenöl

CROUSTILLANT

Die Zander- und Krustentierfarce in einer Metallschüssel auf Eis glatt rühren. Die grob gewürfelten Krabbenfleischstücke, Gemüse, Gewürze und Kräuter vorsichtig unterheben. Abschmecken und die geschlagene Sahne und den Noilly Prat unterheben. Die Masse gut kühlen, damit sie glänzend und cremig bleibt.

Von der gekühlten Masse mit einem Suppenlöffel grobe Nocken abstechen und sofort locker in den Kataifi-Teig einrollen.

Die Croustillants kurz bei 175 °C in Erdnuss- oder Sonnenblumenöl frittieren. Das Öl darf nicht zu heiß sein, sonst bäckt das Croustillant zu schnell und die Masse ist innen nicht gar.

KRUSTENTIERJUS

Die Krustentierschalen etwas zerstoßen und im vorgeheizten Backofen bei 160 °C ca. 10 Minuten vorrösten.

Die gerösteten Schalen in einen großen Topf mit etwas frischer Butter geben und langsam anschwitzen. Das fein geschnittene Gemüse dazugeben und bei schwacher Hitze vorsichtig weiter anschwitzen, damit die Krustentierschalen nicht anbrennen. Das Tomatenmark dazugeben und nochmals anschwitzen, bis sich am Topfboden eine Röstschicht abzeichnet.

Mit Noilly Prat ablöschen, einkochen lassen. Mit Fischfond aufgießen, die Gewürze dazugeben und alles auf die Hälfte einkochen lassen.

Den Jus durch ein feines Sieb geben, dabei die Schalen gründlich ausdrücken. Nochmals aufkochen, abschmecken. Den Fond bei Bedarf noch etwas einkochen lassen. Kurz vor dem Servieren die Butter einrühren und einmal kurz mixen.

RÜBCHENKOMPOTT

Die Rübchen schälen und in grobe Stücke würfeln. Die Schalotte in Butter anschwitzen, Rübchen und Zucker dazugeben und weiter anschwitzen. Mit Kalbsfond ablöschen, vorsichtig würzen und bei schwacher Hitze zugedeckt ziehen lassen, bis die Rübchen weich sind. Die Flüssigkeit soll fast ganz verdampfen. Anschließend mit einem Stampfer leicht stampfen. Die Rübchen sollen nicht zu stark gewürzt werden, sondern ihren Eigengeschmack behalten. Erst jetzt das Navettenöl dazugeben.

CROUSTILLANT VON DER KÖNIGSKRABBE AUF RÜBCHEN-KOMPOTT UND KRUSTENTIERJUS

ANRICHTEN

Das Rübchenkompott in den Teller geben, das Coustillant daraufsetzen und mit der Sauce umgießen.

TIPP

Die Königskrabbe ist ein bis zu 2,5 Meter langes mehrbeiniges Meerestier, das vorwiegend im Nordatlantik und in Alaska gefangen wird. Die Tiere leben in bis zu 1500 Meter tiefen Gewässern. Meist können sie nur bei sehr rauer See »geangelt« werden, da sie dann etwas weiter oben treiben. Sie haben ein feines, vollaromatisches, mandelartiges Krustentieraroma, das von Kennern überaus geschätzt wird. Übrigens steckt in den langen Beinen das beste Fleisch. Aus den Schalen und dem Körper kann man eine delikate Krustentiersauce/-suppe kochen.

Gutes Königskrabbenfleisch ist auf dem Markt nur sehr schwer zu finden, da es in rohem Zustand schnell verdirbt. Die Ware wird meistens auf dem Schiff kurz abgekocht und sofort tiefgekühlt. Dosenware oder Königskrabbenfleisch in der Lake empfehle ich aber dennoch nicht zum Kauf.

Für die Sauce können Sie auch andere Krustentierschalen mitverwenden. Sehr gut passen Taschenkrebs und Hummerschalen. Sie machen die Sauce etwas intensiver und fülliger im Geschmack.

Den Kataifiteig gibt es im Spezialitätengeschäft gekühlt zu kaufen. Er lässt sich mehrere Tage im Kühlschrank aufbewahren und ist sehr vielseitig verwendbar, z. B. für Kartoffelkroketten, marinierte Poulardenbrüstchen, Gambas, Zucchini, Frischkäse – man kann alles darin einwickeln und kurz frittieren.

CROUSTILLANT VON DER KÖNIGSKRABBE AUF RÜBCHENKOMPOTT UND KRUSTENTIERJUS

FÜR 4 BIS 8 PERSONEN

Gekochten Spargel in grobe Würfel schneiden. Mit Zitrone, Salz, Pfeffer und etwas Zucker gut abschmecken, erwärmen und mit ganz wenig geschlagener Sahne vermengen.
Dieses »Spargelragout à la crème« in kleine vorgewärmte Töpfchen oder Mokkatassen füllen und mit warmem Spargelschaum auffüllen.

WARMER SPARGELSCHAUM
200 g Püree vom weißen Spargel
150 g dicke Spargelcremesuppe
1 EL mildes Kartoffelpüree

Alle Zutaten vermengen, so dass die Konsistenz einer sehr dickflüssigen Sauce entsteht. Nochmals abschmecken und heiß in einen Thermo-Sahnesyphon geben. Für ca. 400 g müssen Sie zwei Patronen verwenden, d. h. Sie verschließen den Sahnesyphon, stellen ihn auf den Kopf und drehen dann vorsichtig die Patrone ein. Dann alles kräftig schütteln und die zweite Patrone eindrehen. Dann den Schaum kurz vor dem Servieren auf das Spargelragout à la crème sprühen und sofort genießen.

TIPP
Als Espuma bezeichnet man einen speziellen Sahnesyphon (Sahnebereiter), den es in Normal- oder Thermoausführung in guten Küchenfachgeschäften zu kaufen gibt. Vor Gebrauch bitte sorgfältig die Betriebsanleitung lesen.

KINGS KOCHINSPIRATIONEN: SPARGELTÖPFCHEN

HUMMER-COUSCOUS

FÜR 6 PERSONEN

HUMMER
3 bretonische Hummer à 600 g

SAUCE
4 Schalotten, gewürfelt
1 Tomate, gewürfelt
1 TL Tomatenkompott
6 Champignons, gewürfelt
1 EL Fenchel, gewürfelt
1 EL Staudensellerie, gewürfelt
1 EL Karotten, gewürfelt
1 Knoblauchzehe, blanchiert
80 ml Noilly Prat
80 ml trockener Weißwein
700 ml leichter Fischfond
1/2 Vanilleschote
2 Zweige Estragon
Salz, 1 Prise Cayennepfeffer, frisch gemahlener Pfeffer
etwas Raz el-Hanout
50 ml feines Rapsöl

COUSCOUS
150 g Couscous (moyen)
1 große Prise Raz el-Hanout, Meersalz, Pfeffer, Koriander
1 EL Staudensellerie in groben Würfeln, gegart
1 EL Karotten in groben Würfeln, gegart
1 EL Fenchel in groben Würfeln, gegart
2 EL Tomaten in groben Würfeln, gegart
1/2 TL Kerbel, gehackt
1/2 TL Estragon, gehackt
1/2 TL Thymian, gehackt
1/2 TL Ingwer, gehackt

HUMMER

Die Hummer in stark kochendes Salzwasser geben, kurz aufkochen lassen und im zugedeckten Topf ca. 4 Minuten ziehen lassen. Die Scheren ablösen und nochmals 4 Minuten ziehen lassen. Den Hummerkörper sofort in Eiswasser abschrecken, das Fleisch vorsichtig auslösen. Das Schwanzfleisch halbieren, Darm entfernen und den halbierten Hummerschwanz schräg in etwa 5 kleine Tranchen schneiden. Die Scheren und das Gelenkfleisch auslösen und in grobe Würfelchen schneiden.

SAUCE

Die Hummerschalen mit einem schweren Gegenstand zerstoßen. Etwas geklärte Butter in einen großen Topf geben, darin die Schalen bei mittlerer Hitze langsam anrösten. (Die Schalen nicht zu stark rösten, sonst wird die Sauce bitter.) Schalotten, Tomate, Tomatenkompott, Champignons, Fenchel, Staudensellerie und Karotten dazugeben, alles leicht anschwitzen. Den Knoblauch dazugeben, mit Noilly Prat und Weißwein ablöschen und köcheln lassen, bis fast die ganze Flüssigkeit verdampft ist. Mit Fischfond aufgießen, Vanilleschote, Estragon und frisch gemahlenen Pfeffer dazugeben. 30 Minuten leicht köcheln lassen. Die Sauce durch ein feines Sieb passieren. Die Hälfte des Fonds für das Couscous abnehmen, den Rest nochmals auf die Hälfte einköcheln lassen. Dann mit Meersalz, frisch gemahlenem Pfeffer sowie etwas Cayennepfeffer und Raz el-Hanout pikant abschmecken. Den eingekochten Fond im letzten Moment mit dem feinen Rapsöl aufmixen.

COUSCOUS

Das Couscous mit 300 ml Hummerfond übergießen und mit einer Prise Raz el-Hanout würzen. Etwa 15 Minuten quellen lassen, mit Meersalz, frisch gemahlenem Pfeffer sowie etwas Koriander aus der Mühle abschmecken. Nun die Gemüsewürfel, alle Kräuter und die kleinen Hummerwürfel daruntermischen.
Die Couscous-Gemüse-Kräutermischung kurz in einer beschichteten Pfanne erhitzen und nochmals abschmecken. In einen leicht geölten Metallring geben, andrücken und den in Tranchen geschnittenen Hummerschwanz darauflegen. Das Hummercouscous 3 bis 4 Minuten in den auf maximal 100 °C vorgeheizten Backofen geben.

ANRICHTEN

Das Hummer-Couscous im Metallring in einen tiefen Teller geben und mit der heißen Sauce umgießen. Jetzt erst den Metallring entfernen und das Hummercouscous sofort servieren.

FÜR 6 PERSONEN

NUDELTEIG

400 g doppelgriffiges Mehl
40 ml Sonnenblumenöl
40 ml Milch
3 Volleier
1 große Prise Salz

NUDELTEIG

Alle Zutaten für den Nudelteig vermengen und zu einem glatten, geschmeidigen Teig verkneten. Mit Klarsichtfolie abdecken und 1 Stunde im Kühlschrank ruhen lassen.
Nudelteig dünn ausrollen und 6 cm große Ringe ausstechen. Pro Portion benötigen Sie 4 Blätter. Diese in Salzwasser weich kochen, in Eiswasser abschrecken und nochmals mit dem gleichen Ring ausstechen.

JAKOBSMUSCHEL-TATAR

300 g Jakobsmuschelfleisch
60 g blanchierte Staudenselleriewürfel
60 g blanchierte Schalottenwürfel
60 g blanchierte Karottenwürfel

MORCHELN

600 g frische Spitzmorcheln
50 g Butter
40 ml Madeira
40 ml trockener Sherry
150 g geschlagene Sahne
1 EL fein geschnittener Schnittlauch
1 TL fein geschnittener Kerbel
Meersalz, Limonensaft, frisch gemahlener weißer Pfeffer

MORCHEL-LASAGNE MIT JAKOBSMUSCHEL-TATAR

JAKOBSMUSCHEL-TATAR

Das Jakobsmuschelfleisch würfeln und mit je einem Drittel der Gemüse und Kräuter vermengen. Leicht mit Meersalz, etwas Limonensaft und frisch gemahlenem weißem Pfeffer würzen. Nicht mehr kalt stellen – die Jakobsmuscheln werden bei Zimmertemperatur weiterverarbeitet.

MORCHELN

Die Morcheln vorsichtig am Strunk putzen, kurz waschen und sofort trocken schleudern. Den Vorgang bei Bedarf wiederholen, bis im Wasser keine Sandkörner mehr sind. Die etwas größeren Morcheln halbieren oder vierteln. Die Butter in einer Pfanne bei starker Hitze aufschäumen lassen, die Morcheln und das übrige Gemüse dazugeben und rasch anschwitzen. Mit Madeira und Sherry ablöschen und fast vollständig einkochen lassen. Jetzt die geschlagene Sahne dazugeben und vom Herd nehmen. Die Kräuter untermischen und ca. 2 Minuten ziehen lassen.

ANRICHTEN

Für die Lasagne ein Nudelblatt in den Metallring legen. Einen Löffel von dem sahnigen Morchelgemüse darauf verteilen und gut festdrücken. Diesen Vorgang noch zweimal wiederholen. Mit einem Nudelblatt abschließen und nochmals gut festdrücken, dann eine dünne Schicht Jakobsmuscheltatar darauf verteilen. Mit einer Palette in einen tiefen Teller setzen, dann erst den Metallring abziehen. Die kleinen Morcheln sowie die Morchelsahne dazugeben.

TIPP

Verwenden Sie für die Lasagne Metallausstecher, da diese die Hitze besser leiten. Setzen Sie alles auf einem Backblech zusammen, stellen Sie das Blech dabei auf einen warmen Topf, damit die Lasagne beim Anrichten nicht kalt wird. Sie können die Lasagne auch mit hitzebeständiger Klarsichtfolie bedeckt ca. 2 bis 3 Minuten in den auf 100 °C vorgeheizten Backofen geben.
Wichtig ist, dass die Nudelblätter weich sind und vor dem Zusammensetzen nochmals ausgestochen werden, damit wirklich alle Nudelblätter die gleiche Form haben.
Verwenden Sie nur ganz frische Morcheln – die Saison beginnt im April und endet in der zweiten Maihälfte. Halbieren oder vierteln Sie die Morcheln erst nach dem Waschen, da sie sich sonst zu sehr mit Wasser vollsaugen.
Sie können dieses Gericht auch mit Pfifferlingen oder Steinpilzen zubereiten. Dann keinen Sherry und Madeira verwenden – das würde den Eigengeschmack dieser Pilze zu sehr übertönen.

MORCHEL-LASAGNE
MIT JAKOBSMUSCHEL-TATAR

TATAR VOM FRISCHEN HERING MIT STAMPFKARTOFFELN, MEERRETTICH UND KOPFSALAT-VINAIGRETTE

FÜR 6 PERSONEN

TATAR
6 frische grüne Heringe
2 EL geschälte, in feine Würfel geschnittene Salatgurke
1 TL blanchierte, ganz fein geschnittene Schalottenwürfel
1 TL frisch geschnittener Schnittlauch
2 EL Traubenkernöl
etwas Meersalz, frisch gemahlener schwarzer Pfeffer und Zitronensaft

STAMPFKARTOFFELN
150 g mehlige Kartoffeln
100 ml Geflügelfond
etwas Meersalz, frisch gemahlener weißer Pfeffer, Weißweinessig und Traubenkernöl

MEERRETTICH-CREME
2 EL Crème fraîche
2 EL Sahne
1 TL frischer, fein geriebener Meerrettich
etwas frisch gemahlener weißer Pfeffer und ein Spritzer Zitronensaft

KOPFSALAT-VINAIGRETTE
80 ml frisch gepresster Kopfsalatsaft
30 ml Apfelessig
30 ml Geflügelfond
30 ml Traubenkernöl
50 ml Rapsöl
etwas Meersalz, frisch gemahlener weißer Pfeffer, Limonensaft und ein Spritzer Tabasco

TATAR VOM FRISCHEN HERING MIT STAMPFKARTOFFELN, MEERRETTICH UND KOPFSALAT-VINAIGRETTE

TATAR

Die Heringe filetieren, entgräten, häuten und fein würfeln. Alle anderen Zutaten dazugeben und nicht zu kräftig abschmecken. Vorsichtig vermengen. Das Tatar auf Eis kalt stellen.

STAMPFKARTOFFELN

Die Kartoffeln schälen, vierteln und mit Salzwasser weich kochen. Nur so viel Salzwasser verwenden, dass nichts abgegossen werden muss, sondern die restliche Flüssigkeit zum Stampfen verwendet werden kann. Mit dem Geflügelfond auf die gewünschte Konsistenz verdünnen. Die Kartoffelmasse soll noch kleine Stückchen enthalten und sämig sein. Mit Meersalz, weißem Pfeffer, Weißweinessig und etwas Traubenkernöl abschmecken.

MEERRETTICH-CREME

Die Crème fraîche und die Sahne mischen und vorsichtig bis zur gewünschten Konsistenz aufschlagen. Den sehr fein geriebenen Meerrettich dazugeben und nicht zu kräftig abschmecken, damit sich ein Kontrast zwischen Stampfkartoffeln und Hering ergibt.

KOPFSALAT-VINAIGRETTE

Den Kopfsalat durch den Entsafter geben (nur die hellen Blätter). Mit dem Essig und dem Geflügelfond vermengen, würzen und dann mit den Ölen vermischen. Leicht säuerlich abschmecken.

ANRICHTEN

Die Stampfkartoffeln bei Zimmertemperatur ca. 2 cm hoch in einen Ring einfüllen. Die gleiche Menge Heringstatar daraufgeben und mit der Meerrettich-Creme glatt streichen. Den Ring vorsichtig abstreifen und das Ganze mit der Kopfsalat-Vinaigrette umgießen.

TIPP

März und April sind die beste Zeit für den frischen Hering.
Achten Sie bei Emulsionen, Vinaigrettes oder Marinaden immer darauf, dass die Gewürze vor dem Öl zugegeben werden. Salz und Pfeffer lösen sich im Öl nur sehr langsam auf, so ist die Gefahr groß, dass die Vinaigrette oder Marinade zu würzig wird.

TATAR VOM FRISCHEN HERING MIT STAMPFKARTOFFELN, MEERRETTICH UND KOPFSALAT-VINAIGRETTE

FÜR 6 PERSONEN

SPARGEL MIT KNUSPERBLATT
18 Stangen bissfest vorgegarter weißer Spargel
2 Blätter fertiger Strudelteig (ca. 40 x 40 cm)
etwas Butter zum Bestreichen
etwas Butter zum Braten
etwas Traubenkernöl
Zucker, Meersalz, weißer Pfeffer, etwas gemahlener Koriander

JAKOBSMUSCHELN
12 frische Jakobsmuscheln aus der Schale
etwas griffiges Mehl

WILDKRÄUTERSALAT MIT RAPSÖLVINAIGRETTE
100 g Rapsöl
20 g Apfelessig
10 ml Weißweinessig
1 Prise Zucker, Meersalz, schwarzer Pfeffer, etwas Senfpulver
80 g Gemüse- oder Geflügelfond
je 20 g Wildkräuter (z. B. Giersch, Löwenzahn, Sauerampfer, Taubnessel, Melisse, Schafgarbe, Schnittlauch, Wiesenkümmel, Spitzwegerich, Leimkraut, Bachkresse usw.)

JAKOBSMUSCHELN AUF GEBRATENEM SPARGEL MIT KNUSPERBLATT UND WILDKRÄUTERSALAT

SPARGEL MIT KNUSPERBLATT

Die Strudelblätter dünn mit flüssiger Butter bestreichen und mit etwas Meersalz, Pfeffer aus der Mühle und gemahlenem Koriander bestreuen. Den Teig in Rechtecke schneiden, diese im auf 180 °C vorgeheizten Backofen ca. 3 bis 4 Minuten backen, bis die Blätter knusprig sind. Die vorgegarten Spargelstangen abtupfen und mit Traubenkernöl und frischer Butter von allen Seiten leicht anbraten. Mit einer Prise Zucker, Salz und weißem Pfeffer aus der Mühle würzen.

JAKOBSMUSCHELN

Die Jakobsmuscheln in zwei dicke Scheiben schneiden. Die Muschelscheiben von einer Seite ganz leicht mit griffigem Mehl bestäuben und auf der bemehlten Seite sofort in eine beschichtete Pfanne mit etwas geklärter Butter geben. Die Muscheln 20 Sekunden braten und erst dann dezent mit etwas Meersalz und weißem Pfeffer würzen.

WILDKRÄUTERSALAT MIT RAPSÖLVINAIGRETTE

Aus feinem frischem Rapsöl, Apfelessig, Weißweinessig, etwas Zitronensaft, Zucker, Meersalz, schwarzem Pfeffer aus der Mühle, Senfpulver und Gemüsefond ein mildes Dressing herstellen. Mit dem Stabmixer durchmixen, dann nochmals abschmecken. Die Essigsäure sollte nicht zu dominant sein, sondern das Rapsöl im Vordergrund stehen.
Etwas sauber geputzten und gewaschenen Giersch, Löwenzahn, Sauerampfer, Taubnessel, Melisse, Schafgarbe, Schnittlauch, Wiesenkümmel, Spitzwegerich, Leimkraut, Bachkresse usw. mit etwas Rapsöl-Vinaigrette marinieren und auf die knusprigen Strudelblätter geben.

ANRICHTEN

Die kurz gebratenen Jakobsmuscheln auf die Spargelstangen legen, je ein Knusperblatt mit den marinierten Wildkräutern daraufgeben und das Ganze reichlich mit der Rapsölvinaigrette umgießen. Dazu nach Belieben ein bisschen warmen Spargelschaum geben (siehe Seite 72).

TIPP

Kaufen Sie nie gefrorene Jakobsmuscheln – beim Braten laufen sie aus, knusprig werden sie ohnehin nicht und zäh sind sie auch. Frische Jakobsmuscheln sind im Handumdrehen geputzt und vorbereitet, haben einen zarten, nussigen Eigengeschmack und sind einfach köstlich!

JAKOBSMUSCHELN AUF GEBRATENEM SPARGEL MIT KNUSPERBLATT UND WILDKRÄUTERSALAT

FÜR 6 PERSONEN

CARPACCIO VOM LOUP DE MER
1/2 Limone
80 ml fruchtiges Olivenöl
Meersalz, schwarzer Pfeffer
1 kg Filet vom Loup de mer mit Haut

COUSCOUS
150 g Couscous (moyen)
1 große Prise Raz el-Hanout (Couscousgewürz)
Meersalz, etwas Chili, Koriander aus der Mühle, schwarzer Pfeffer
ca. 280 ml leichter Gemüsefond
80 g abgezogene Tomatenwürfel
1 TL fein geschnittener Estragon
1 TL fein geschnittener Thymian
1 TL fein geschnittenes Basilikum
2 bis 3 Blättchen Majoran

WARMES CARPACCIO VOM LOUP DE MER MIT PROVENZALISCHER WÜRZE UND PIKANTEM COUSCOUS

SAUCE

150 ml Olivenöl

30 g Karotten

30 g Lauch

30 g Fenchel

30 g Schalotten

30 g Staudensellerie

60 g Tomatenfilets ohne Haut

1 Knoblauchzehe ohne Faden

10 ml Noilly Prat

10 ml frischer Orangensaft

400 ml Fischfond

2 Zweige Thymian

2 Zweige Rosmarin

1/2 Lorbeerblatt

Schale 1/2 Bioorange

Schale 1/4 Biozitrone

etwas Safran, grobes Meersalz, schwarzer Pfeffer, Chili

je 1 TL Blattpetersilie, Minze und Estragon

3 EL Tomatenwürfel ohne Kerne und Haut

WARMES CARPACCIO VOM LOUP DE MER MIT PROVENZALISCHER WÜRZE UND PIKANTEM COUSCOUS

CARPACCIO

Limone, Olivenöl und wenig Salz und Pfeffer vermengen. Den Teller damit einpinseln. Mit einem ganz scharfen Messer feine Scheibchen vom Loup de mer abschneiden (dabei den Fisch von der Haut lösen), auflegen, dünn mit der Olivenöl-Marinade bepinseln und dann den ganzen Teller mit Klarsichtfolie bedecken.

COUSCOUS

Den Couscous mit den Gewürzen mischen, den kalten Gemüsefond dazugeben und 20 Minuten ziehen lassen. Das Couscous sollte noch Biss haben, aber nicht zu hart sein. Bei Bedarf noch etwas Brühe nachgießen und erneut quellen lassen.
Kurz vor dem Anrichten das Couscous in einer heißen Pfanne schwenken und mit den Tomatenwürfeln und Kräutern mischen. Nochmals vorsichtig abschmecken.

SAUCE

Das Olivenöl in einem Topf erhitzen. Karotten, Lauch, Fenchel, Schalotten, Sellerie, Tomaten und Knoblauch darin anschwitzen. Mit Noilly Prat ablöschen, den Orangensaft dazugeben und mit Fischfond aufgießen. Thymian, Rosmarin, Lorbeerblatt, Orangen- und Zitronenschale sowie etwas Safran dazugeben. Bei geringer Hitze köcheln lassen, bis das Gemüse weich, aber nicht verkocht ist. Kräuterzweige, Lorbeerblatt und die Zitrusschalen entfernen. Mit einem Mixstab etwas anmixen, so dass die Sauce eine leichte Bindung erhält, ein Teil des Gemüses aber noch erkennbar ist. Mit Meersalz, grobem schwarzem Pfeffer und ganz wenig Chili abschmecken. Direkt vor dem Servieren die fein geschnittenen Kräuter und die Tomatenwürfel dazugeben.

ANRICHTEN

Die Teller mit dem abgedeckten Loup de mer an einem warmen Ort oder im Backofen bei höchstens 50 °C ca. 10 Minuten stehen lassen. Die Folie entfernen, dann das Couscous daraufgeben und die Sauce über das warme Carpaccio gießen. Mit etwas fein gehacktem Fenchelkraut garnieren.

WARMES CARPACCIO VOM LOUP DE MER MIT PROVENZALISCHER WÜRZE UND PIKANTEM COUSCOUS

TIPP

Couscous gibt es in drei verschiedenen Körnungen: *fin – moyen – grain*. Wir verwenden immer nur *moyen* (mittel). Es lässt sich gut verarbeiten, quillt gut und hat immer einen schönen Biss. Kalt eingeweicht und aufgequollen lässt sich Couscous ausgezeichnet weiterverwenden. Es kann sowohl kalt als auch warm gegessen werden, zum Beispiel als Pesto-Couscous-Salat oder mit Curry, Mandeln und Rosinen als leicht orientalische Beilage. Auch als vegetarisches Gericht mit gegrillten Gemüsen und Kräutersalat usw. ist es ein Genuss.

Beim Erwärmen sollte man stets darauf achten, dass es sehr schnell geschieht. Am besten verwendet man eine große, beschichtete Pfanne und schwenkt den Couscous darin, bis er heiß ist. Auch lassen sich so die Beilagen einmischen und man behält die Konsistenz im Auge. Das Couscous soll niemals klebrig-weich, aber auch nicht hart und körnig sein, sondern stets herzhaft abgeschmeckt, locker und mit feinem Biss.

Raz el-Hanout ist ein spezielles Couscousgewürz, das Sie unbedingt in der Küche haben sollten. Die curryähnliche Mischung besteht aus bis zu 25 verschiedenen Gewürzen und verleiht dem Couscous den richtigen Pep. Auch kann man dieses Gewürz hervorragend für alle orientalischen Gerichte, gegrilltes helles Fleisch und Pasta verwenden.

P. S: Übrigens kann man im Spätsommer mit viel Geduld und Glück am Sylter Strand auch Loup de Mer angeln!

WARMES CARPACCIO VOM LOUP DE MER MIT PROVENZALISCHER WÜRZE UND PIKANTEM COUSCOUS

FÜR 6 PERSONEN

LANGOSTINOFOND

1000 g frische Langostino-Schalen

50 g Butter

50 g Fenchel

50 g Staudensellerie

50 g Champignons

50 g Schalotten

1 Tomate

1 TL Tomatenmark

100 ml Noilly Prat

400 ml Fisch- oder leichter Gemüsefond

etwas Fenchelsamen, Knoblauch, 1 Estragonzweig, 1 Kerbelzweig, Senfsaatkörner, weißer Pfeffer, Meersalz, Koriander

60 ml frisch gepresster Karottensaft

80 ml Mandelöl

GEBRATENE LANGOSTINOS AUF KAROTTEN, ERBSEN UND MINZE

KAROTTENPÜREE

300 g Karotten

2 Schalotten

30 g Butter

1 Prise Zucker

20 ml Noilly Prat

100 ml heller Kalbsfond

einige Tropfen Zitronensaft

20 g eiskalte kleine Butterstückchen

1/2 TL grüner Pfeffer, etwas frisch gemahlener Koriander, 1/2 TL frisch geriebener Ingwer, einige Tropfen Zitronensaft

1 TL frisch gehackter Estragon

ERBSEN

100 g frisch aus den Hülsen gelöste Erbsen

etwas Butter zum Schwenken, etwas Zucker, Pfeffer

1 TL frisch gehackte Pfefferminze

LANGOSTINOS

6 große Langostinos à 180 g

200 ml Krustentier-/Langostinofond

50 ml frisch gepresster Karottensaft

5 frische Minzeblätter

etwas Sonnenblumenöl, geklärte Butter, gemahlener Koriander, Ingwer, Meersalz, schwarzer Pfeffer aus der Mühle, Limonensaft

GEBRATENE LANGOSTINOS AUF KAROTTEN, ERBSEN UND MINZE

VORBEREITEN

Die Langostinos teilen und das Schwanzfleisch vorsichtig ausbrechen. Das Fleisch bereitstellen, die Langostinoschalen für den Fond verwenden.

LANGOSTINOFOND

Die Langostinoschalen etwas zerstoßen und im auf 160 °C vorgeheizten Backofen ca. 10 Minuten vorrösten. Die Schalen in einen großen Topf mit etwas frischer Butter geben und langsam anschwitzen. Das fein geschnittene Gemüse dazugeben und bei schwacher Hitze vorsichtig weiter anschwitzen. (Dabei aufpassen: Die Langostinoschalen sind sehr dünn und brennen schnell an.) Das Tomatenmark dazugeben und weiterschwitzen, bis sich am Topfboden eine Röstschicht abzeichnet.

Mit Noilly Prat ablöschen, mit Fischfond aufgießen, die Gewürze dazugeben und auf die Hälfte einkochen lassen. Jetzt die Sahne dazugeben und nochmals 5 Minuten köcheln lassen.

Den Fond durch ein feines Sieb geben, dabei die Schalen gründlich ausdrücken. Jetzt nochmals aufkochen, abschmecken und den Fond bei Bedarf noch etwas einkochen lassen.

Zum Schluss den Karottensaft und das Mandelöl in den heißen Langostinofond einmixen.

KAROTTENPÜREE

Die Karotten schälen, halbieren und in grobe Stücke schneiden.

Die fein geschnittenen Schalotten in Butter anschwitzen. Karotten und eine Prise Zucker hinzufügen und alles anschwitzen.

Mit Noilly Prat ablöschen, einkochen lassen und etwas grünen Pfeffer hineingeben.

Mit Kalbsfond aufgießen, zudecken und bei schwacher Hitze weichdünsten. Wenn die Möhren weich sind, sollte der Fond verdunstet sein.

Die weichen Karotten mit einigen kalten Butterstückchen in eine Mulinette geben und aufmixen, bis eine homogene und klumpenfreie Masse entsteht.

Mit grünem Pfeffer, einem Hauch frisch gemahlenen Koriander, dem frisch geriebenen Ingwer und einigen Tropfen Limonensaft abschmecken.

Mit der frisch gehackten Minze und dem Estragon vermengen.

GEBRATENE LANGOSTINOS AUF KAROTTEN, ERBSEN UND MINZE

ERBSEN

Die Erbsen blanchieren, in Butter schwenken und mit frisch gehackter Minze, etwas Zucker und Pfeffer abschmecken.

LANGOSTINOS

Die Langostinos in Sonnenblumenöl und geklärter Butter glasig braten. Mit wenig gemahlenem Koriander, schwarzem Pfeffer und Meersalz würzen.

ANRICHTEN

Das Karottenpüree auf einen Teller geben und mit dem Langostinofond umgießen. Die Erbsen darübergeben. Die glasig gebratenen Langostinos ganz obenauf setzen.

TIPP

Beim Karottenpüree können Sie unterschiedliche Geschmacksvarianten kombinieren: Nehmen Sie etwas Safran, Orangensaft und ganz viel frische Blattpetersilie oder frisch gehackten Koriander, etwas scharfen Curry und Ingwer. Sie können mit vielen Varianten experimentieren: Hühnchen auf Karotten-Ingwerpüree, Kalbskotelett mit Karotten-Safrangemüse oder, wie hier, mit gebratenen Langostinos.

GEBRATENE LANGOSTINOS AUF KAROTTEN, ERBSEN UND MINZE

FÜR 6 PERSONEN

BISKUIT
100 g Vollei
60 g Zucker
40 g Weizenpuder
40 g Mehl
1 Prise Backpulver
1 kleine Prise Salz
20 g flüssige warme Butter

CHAMPAGNER-SABAYON
3 Eigelb
50 g Puderzucker
80 ml Champagner
130 g aufgeschlagene Crème fraîche
1/2 Blatt Gelatine

HIMBEERMARK
100 g frische Himbeeren
1 TL Puderzucker
1 TL Zitronensaft
40 ml Himbeerlikör

HIMBEERTÖPFCHEN MIT GEEISTEM
CHAMPAGNER-SABAYON
UND ZWEIERLEI HIMBEERSORBET

BISKUIT

Das Vollei und den Zucker kräftig schaumig rühren. Den Weizenpuder, das Mehl und das Backpulver vorsichtig einrühren, es dürfen sich keine Klümpchen bilden. Das Salz und die flüssige Butter vorsichtig einrühren. Den Teig 3 cm hoch auf ein Backblech streichen und im auf 190 °C vorgeheizten Backofen ca. 12 bis 16 Minuten backen.

CHAMPAGNER-SABAYON

Die Eigelb und den Puderzucker in einer Metallschüssel auf heißem Wasser kräftig aufschlagen – die Mischung muss weiß und cremig sein. Dann die Masse auf Eiswasser wieder kalt schlagen, dabei den Champagner tröpfchenweise dazugeben. Die Champagnercreme nach und nach in die aufgeschlagene Crème fraîche rühren, dann die in kaltem Wasser eingeweichte, ausgedrückte Blattgelatine unterziehen. Die Sabayon in ein gut gekühltes Gefäß füllen.

HIMBEERMARK

Alle Zutaten miteinander vermengen, kurz anmixen und dann durch ein feines Sieb streichen.

ANRICHTEN

Kleine Biskuitscheiben (0,5 cm dick) ausstechen und in Gläschen oder Töpfchen legen. Jede Biskuitscheibe mit Himbeermark tränken, dann mit der Champagnersabayon auffüllen. Das Himbeertöpfchen etwa 2 Stunden im Gefrierfach anfrieren.
Auf das gefrorene Töpfchen wieder eine dünne Biskuitscheibe auflegen und mit Himbeermark tränken. Das Töpfchen nochmals ca. 8 Stunden in das Gefrierfach geben. Das Töpfchen kurz vor dem Servieren nochmals mit Himbeermark beträufeln und mit frischen Himbeeren garnieren.

TIPP

Dieses Dessert lässt sich gut vorbereiten und 2 bis 3 Tage im Gefrierfach aufbewahren. Außerdem funktioniert das Rezept sehr gut mit Brombeeren und Aprikosen.
Als Beilage eignen sich zwei verschiedene Himbeersorbets: Zum einen Himbeermark, das in der Eismaschine gefroren wurde oder Himbeermark, das mit frisch gemahlenem Pfeffer und etwas altem Balsamico abgeschmeckt und dann ebenfalls in der Eismaschine gefroren wurde.

HIMBEERTÖPFCHEN MIT GEEISTEM CHAMPAGNER-SABAYON UND ZWEIERLEI HIMBEERSORBET

SOMMER

Lieblich senkt die Sonne sich,
Alles freut sich wonniglich
In des Abends Kühle!
Du gibst jedem Freud und Rast,
Labst ihn nach des Tages Last
Und des Tages Schwüle.

Horch, es lockt die Nachtigall,
Und des Echos Widerhall
Doppelt ihre Lieder!
Und das Lämmchen hüpft im Tal,
Freude ist jetzt überall,
Wonne senkt sich nieder!

Wonne in des Menschen Brust,
Der der Freud ist sich bewußt,
Die ihm Gott gegeben,
Die du jedem Menschen schufst,
Den aus nichts hervor du rufst
Auf zum ew'gen Leben.

Theodor Storm

AN EINEM SCHÖNEN
SOMMERABENDE

FÜR 6 PERSONEN

LAVENDELBLÜTEN-EIS
200 ml Sahne
200 ml Milch
1 Vanilleschote
2 EL Lavendelblüten
5 Eigelb
60 g Zucker
1 Stück Vanilleschote

GEBRATENER PFIRSICH MIT PINIEN-HONIG-SIRUP
4 nicht zu weiche, reife weiße Pfirsiche
30 g Puderzucker
40 g frische Butter
40 ml weißer Pfirsichlikör
1/2 Vanilleschote
50 g Pinienhonig
50 g Pinienkerne

ANRICHTEN
frische Himbeeren
12 Lavendelblüten

GEBRATENER WEISSER PFIRSICH MIT LAVENDELBLÜTEN-EIS UND PINIEN-HONIG-SIRUP

LAVENDELBLÜTEN-EIS

Die Sahne, die Milch, die ausgekratzte Vanille und die Vanilleschote aufkochen und 5 Minuten ziehen lassen. Die Lavendelblüten dazugeben. Die Eigelb und den Zucker kräftig schaumig rühren, bis die Masse fast weiß ist.

Nun die heiße Sahne-Milch-Gewürzmischung daraufgeben, gut verrühren und im Topf bei geringer Hitze abziehen (also so lange unter ständigem Rühren erhitzen, bis die Masse dicklich wird). Die Creme sofort durch ein Sieb geben, die Vanilleschote gründlich ausdrücken (die Lavendelblüten nicht ausdrücken), auskühlen lassen und in der Eismaschine frieren.

GEBRATENER PFIRSICH MIT PINIEN-HONIG-SIRUP

Die ungeschälten Pfirsiche halbieren, die Kerne vorsichtig entfernen. Zwei halbe Pfirsiche schälen, in kleine Würfelchen schneiden und beiseitestellen.

Die Schnittfläche der übrigen Pfirsiche mit Puderzucker bestäuben und in einer beschichteten Pfanne vorsichtig anbraten. Der Puderzucker soll dabei karamellisieren und die Schnittfläche Röststoffe erhalten. Die Pfirsichhälften wenden, die Butter dazugeben und von allen Seiten in der braunen Butter braten.

Die Butter abgießen, die Pfirsiche mit Pfirsichlikör ablöschen, die Vanilleschote dazugeben und sofort abdecken. 3 bis 4 Minuten ruhen lassen, dann den Deckel abnehmen. Nun lässt sich die Pfirsichhaut ganz leicht abziehen.

Die Pfirsiche herausnehmen und die entstandene Flüssigkeit einkochen lassen. Den Pinienhonig und die Pinienkerne dazugeben, die Pfirsiche wieder einlegen und leicht mit dem Sud glacieren.

ANRICHTEN

Aus 1 EL der fein geschnittenen, beiseitegestellten Pfirsichwürfel einen kleinen Sockel machen, darauf den gebratenen, glacierten weißen Pfirsich geben. Mit dem Sud nappieren und mit frischen Himbeeren und Lavendelblüten garnieren. Eine Kugel Lavendelblüten-Eis daraufsetzen.

TIPP

Weiße Pfirsiche gibt es im Juli, August und September. Sie können das Dessert stattdessen auch mit Aprikosen zubereiten.

GEBRATENER WEISSER PFIRSICH MIT LAVENDELBLÜTEN-EIS UND PINIEN-HONIG-SIRUP

FÜR 6 PERSONEN

KALBSHERZBRIES

300 g blanchiertes Kalbsherzbries

30 g geklärte Butter

1 Thymianzweig

1 TL griffiges Mehl

Meersalz, frisch gemahlener weißer Pfeffer

BROTKNÖDEL

50 g fein geschnittene Schalotten

80 g fein geschnittene Frühlingszwiebeln

40 g Butter

150 g Weißbrotwürfel ohne Rinde

100 g frisches Graubrot ohne Rinde in Würfeln

180 ml lauwarme Milch

3 Volleier

2 EL fein gehackte Blattpetersilie

Salz, Pfeffer, Muskat, Butter zum Braten

BRAUNE BRÖSEL

200 g getrocknete Briochewürfel, 80 g Butter, Salz

PFIFFERLINGE

50 ml Sonnenblumenöl

2 fein geschnittene Schalotten

1 EL fein geschnittene Speckwürfelchen

500 g kleine, feste, geputzte Pfifferlinge

3 Stangen frischer Frühlingslauch in Ringen

100 g geschlagene Sahne

2 EL fein geschnittener Schnittlauch

KLEINE BROTKNÖDEL MIT BRAUNEN BRÖSELN, PFIFFERLINGEN À LA CRÈME UND KALBSHERZBRIES

KALBSHERZBRIES
Das Kalbsherzbries klein schneiden und leicht mit dem griffigen Mehl bestäuben. In der geklärten Butter mit dem Thymianzweig kurz und heiß braten. Dann leicht salzen und pfeffern.

BROTKNÖDEL
Die Schalotten und Frühlingszwiebeln in Butter anschwitzen, die Brotwürfel dazugeben und kurz mitschwitzen. In eine Schüssel geben. Warme Milch, Vollei, Gewürze und Kräuter miteinander vermengen und über die Brotwürfel geben. Gut vermischen und abgedeckt etwa 20 Minuten ziehen lassen. Nochmals abschmecken.
Aus dem Teig kleine Knödel formen und in kochendes Salzwasser geben. Ca. 10 Minuten ziehen lassen, trocken tupfen und kurz in einer Pfanne mit etwas Butter schwenken.

BRAUNE BRÖSEL
Die getrockneten Briochebrösel und die Butter in eine Pfanne geben und unter ständigem Rühren goldbraun rösten. Sofort in ein kaltes Gefäß umfüllen, sonst bräunt die Masse zu schnell weiter. Mit einer kleinen Prise Salz würzen.

PFIFFERLINGE
Sonnenblumenöl in der Pfanne erhitzen. Schalotten und Speckwürfelchen dazugeben und kurz anschwitzen. Bei starker Hitze die Pfifferlinge dazugeben und 20 bis 30 Sekunden anschwitzen. Frühlingslauchringe und geschlagene Sahne dazugeben und nur 10 Sekunden köcheln lassen. Mit etwas frisch gemahlenem weißem Pfeffer und Meersalz würzen. Schnittlauch dazugeben.

ANRICHTEN
Die Pfifferlinge à la crème in einen tiefen Teller geben. Die kleinen Brotklößchen mit den braunen Briochebröseln drauflegen. Zum Schluss das Kalbsherzbries dazugeben.

TIPP
Nehmen Sie für die Pfifferlinge eine große Pfanne. Die Pilze kurz und schnell sautieren, damit sie nicht zu viel Wasser verlieren. Zudem kocht die Sahne schneller ein und wird perfekt sämig.

KLEINE BROTKNÖDEL MIT BRAUNEN BRÖSELN, PFIFFERLINGEN À LA CRÈME UND KALBSHERZBRIES

INGWERGURKEN
Salatgurken, Traubenkernöl, weißer Pfeffer, Limonensaft, frisch geriebener Ingwer, Meersalz

CRÈME CRUE
Crème crue (feine Crème fraîche), Salz, Pfeffer, Limonensaft, Tabasco

CALAMARETTI
Calamaretti, Mehl, gemahlener Koriander, wenig Chili, Pfeffer, Salz, Erdnussöl

INGWERGURKEN
Salatgurken schälen, entkernen und in grobe Würfel schneiden. Die Gurkenwürfel mit etwas Traubenkernöl anschwitzen, aber nur kurz, da sie sonst weich werden und zu viel Saft verlieren. Nun die Gurkenwürfel mit etwas weißem Pfeffer, Limonensaft, frisch geriebenem Ingwer und Meersalz ca. 20 Minuten marinieren.

CRÈME CRUE
Crème crue sparsam salzen, pfeffern und mit etwas Limonensaft und Tabasco abrunden.

CALAMARETTI
Geputzte Calamaretti in Ringe schneiden. Mehl mit gemahlenem Koriander, Chili, Pfeffer und Salz würzen. Die Calamarettiringe darin wenden und kurz, aber sehr heiß in Erdnussöl ausbacken.

ANRICHTEN
Gewürzte Crème crue auf einen Teller geben. Ingwergurken darauflegen, mit Gurkenmarinade umgießen und die ausgebackenen Calamarettiringe darauflegen.

TIPP
Je kleiner die Calamaretti-Ringe, desto kürzer die Ausbackzeit. 4 bis 5 Sekunden reichen völlig.

KINGS KOCHINSPIRATIONEN: GEBACKENE CALAMARETTI MIT INGWERGURKEN UND PIKANTER CRÈME CRUE

FÜR 4 PERSONEN

GEBRATENER GUGELHUPF
375 g Mehl
150 ml warme Milch
25 g Hefe
120 g weiche Butter
3 EL Zucker
2 Eigelb
1 Ei
etwas geriebene Zitronenschale
1 große Prise Salz
2 EL eingeweichte Rosinen
2 EL gemahlene Mandeln
Butter zum Braten

FRIKASSEE VOM SALZWIESENHUHN
1 Salzwiesenhuhn à ca. 1,2 kg (oder ein junges Bauernhuhn)
Salz
4 Pimentkörner
1 TL weiße Pfefferkörner
je 3 EL gewürfelte Karotten, Lauch und Knollensellerie
je 2 EL gewürfelter Fenchel und Staudensellerie
100 g fein gewürfelte Champignons
100 g fein gewürfelte Schalotten
60 g geschälte und gewürfelte Kartoffeln
4 EL Butter
5 EL Noilly Prat
500 ml Hühnerfond
150 g Crème double
1/2 Knoblauchzehe

FRIKASSEE VOM SALZWIESENHUHN MIT GUGELHUPF

grobes Meersalz
gemahlener Piment
etwas frisch gemahlener weißer Pfeffer
1 Msp. geriebene Zitronenschale
je 100 g geputzte Perlzwiebeln, Zuckermais, Navetten, Dicke Bohnen, Pfifferlinge

SALAT UND KRÄUTER IN VINAIGRETTE
1/2 EL Apfelessig
3 EL Distelöl
weißer Pfeffer aus der Mühle
1 Prise Zucker
4 Kopfsalatherzen
Giersch, Kresse, Malve, Spitzwegerich, blanchierte Brennnessel und Pimpernell nach Belieben

ANRICHTEN
8 Kapernäpfel
8 in Butter gebratene mittelgroße Salbeiblätter

GEBRATENER GUGLHUPF

Aus Mehl, Milch und Hefe einen Vorteig herstellen, diesen 20 Minuten ruhen lassen.

100 g Butter mit Zucker schaumig rühren. Nach und nach die Eigelb und das Ei hinzufügen. Die Zitronenschale, das Salz, den Vorteig und die Rosinen dazugeben. Den Teig kräftig schlagen, bis er sich von der Schüssel löst.

Eine Backform buttern und mit Mandeln ausstreuen, den Teig einfüllen. Den Teig eine weitere halbe Stunde gehen lassen, dann im auf 180 °C vorgeheizten Backofen ca. 35 Minuten backen.

Den Guglhupf nach dem Erkalten in Scheiben schneiden und vor dem Servieren von beiden Seiten in heißer Butter braten oder toasten.

FRIKASSEE VOM SALZWIESENHUHN

Das Salzwiesenhuhn in kaltem Wasser zustellen, schwach salzen. Zum Kochen bringen, dabei den aufsteigenden Schaum abschöpfen. Etwa 90 Minuten bei niedriger Hitze köcheln lassen. Nach 45 Minuten Piment- und Pfefferkörner, gewürfelte Karotten, Lauch, Knollensellerie, Fenchel und Staudensellerie hinzufügen.

Am Ende der Garzeit das Huhn herausnehmen, die Haut abziehen, beiseite legen. Das Fleisch auslösen und in mundgerechte Stücke schneiden. Den Fond auf die Hälfte einkochen, durch ein Sieb geben.

Die Champignons, Schalotten und Kartoffeln in 3 EL Butter kurz anschwitzen. Mit Noilly Prat ablöschen und einkochen lassen. Mit 300 ml Hühnerfond und Crème double auffüllen. Knoblauch einlegen, etwa 15 Minuten köcheln lassen. Mit grobem Meersalz, Piment, frisch gemahlenem weißem Pfeffer und Zitronenschale würzen. Mit einem Mixstab pürieren, durch ein feines Sieb streichen.

Perlzwiebeln, Zuckermais, Navetten, Dicke Bohnen und Pfifferlinge einzeln in Butter anschwitzen und würzen. Die Perlzwiebeln und Navetten mit etwas Geflügelfond ablöschen und weich garen. Dann erst alles Gemüse miteinander vermengen. Fleisch im Rahmfond langsam heiß werden lassen. Fein geschnittene Hühnerhaut in 1 EL Butter kross braten.

SALAT IN VINAIGRETTE

Aus Apfelessig, 1 EL Wasser, Distelöl, weißem Pfeffer, grobem Meersalz und Zucker eine Vinaigrette rühren. Die Kopfsalatherzen und Kräuter darin marinieren.

ANRICHTEN

Das Frikassee mit dem Gemüse anrichten und mit der krossen Hühnchenhaut bestreuen. Mit den Kapernäpfeln und Salbeiblättern dekorieren. Salat und Gugelhupfscheiben dazu reichen.

FRIKASSEE VOM SALZWIESENHUHN MIT GUGELHUPF

LABSKAUS MIT WACHTELSPIEGELEI

FÜR 6 PERSONEN

KALBSTAFELSPITZ
1 Kalbstafelspitz à 300 bis 400 g
1 l Wasser
20 g Meersalz
40 g Möhren, 40 g Lauch, 40 g Staudensellerie
100 g Zwiebeln
10 g Pfefferkörner
2 Lorbeerblätter
2 Wacholderbeeren
5 Pimentkörner
1 Stängel Petersilie

LABSKAUS
200 g in Meersalzwasser gekochte Rote Bete
200 g in Meersalzwasser gekochte festkochende Kartoffeln
200 g gekochter Kalbstafelspitz
50 g Schalotten
30 g Butter
80 g geschälte Essiggurken
ca. 500 ml Tafelspitzbrühe
Meersalz, weißer Pfeffer aus der Mühle
etwas Weißweinessig
200 g frischer Matjes
20 g gehackte Blattpetersilie

WACHTELSPIEGELEI
6 Scheiben Friesenbrot (dunkles Vollkornbrot)
18 Wachteleier
Rapsöl und Butter zum Braten

ANRICHTEN
etwas Fleur de Sel, Schnittlauch zum Garnieren

LABSKAUS MIT WACHTELSPIEGELEI

KALBSTAFELSPITZ

Das geputzte und grob zerkleinerte Gemüse und die Zwiebeln mit Wasser und Salz zum Kochen bringen und den gewaschenen Kalbstafelspitz einlegen. Etwa 60 bis 90 Minuten sanft köcheln lassen, bis das Fleisch weich ist. Herausnehmen und abgedeckt auskühlen lassen. Den Fond durch ein feines Sieb passieren.

LABSKAUS

Die Kartoffeln und die Rote Bete schälen und in sehr feine Würfel schneiden. Den Tafelspitz in ebenso große Würfel schneiden. Die fein gewürfelten Schalotten in Butter langsam anschwitzen. Rote Bete, Kartoffeln, Tafelspitz und fein geschnittene Essiggurken zugeben und mit Tafelspitzbrühe leicht angießen. Mit Salz, Pfeffer und Essig vorsichtig würzen und abkühlen lassen. Dann den gewürfelten Matjes und die Petersilie unterheben und nochmals abschmecken.

WACHTELSPIEGELEI

Das Friesenbrot mit einem runden Ausstecher (2,5 cm) ausstechen und in aufgeschäumter Butter von beiden Seiten kurz braten. Auf Küchenpapier abtropfen lassen. Die Wachteleier vorsichtig aufschlagen und in dem Rapsöl bei milder Hitze braten. Vorsichtig das Eigelb mit einem geeigneten Stecher ausstechen, so dass nur ein dünner Rand Eiweiß verbleibt.

ANRICHTEN

Den Labskaus in denselben Ring streichen und auf das Friesenbrot setzen. Eigelbe auf den Labskaus setzen, mit Fleur de Sel würzen und mit Schnittlauch garnieren.

FÜR 6 PERSONEN

APRIKOSEN
200 g Aprikosen, in kleine Würfel geschnitten
20 ml Apricot Brandy
einige Tropfen Zitronensaft

FRISCHKÄSECREME
200 g sehr trockener Keitumer Frischkäse
Saft und Abrieb von 1/4 Zitrone
1 TL Puderzucker
2 TL Akazienhonig
2 EL steif geschlagene Crème fraîche

VANILLE-HONIGJUS
40 ml Apricot Brandy
80 ml Wasser
1 Vanilleschote
20 g Glykose
1 EL Akazienhonig
1 TL Zitronensaft

ANRICHTEN
200 g frische Blaubeeren

FRISCHKÄSECREME MIT APRIKOSEN, BLAUBEEREN UND VANILLE-HONIGJUS

APRIKOSEN

Alle Zutaten miteinander vermengen und ca. 2 cm hoch in kleine Ringe füllen.

FRISCHKÄSECREME

Den Frischkäse vorsichtig verrühren. Alle anderen Zutaten zugeben, zum Schluss die steif geschlagene Crème fraîche unterheben. Sofort auf die marinierten Aprikosen geben und abgedeckt im Kühlschrank etwa 1 Std. durchkühlen lassen.

VANILLE-HONIGJUS

Wasser, Apricot Brandy, Vanilleschote und -mark und Glykose einmal aufkochen. Honig und Zitronensaft dazugeben und ca. 30 Minuten stehen lassen. Durch ein Sieb geben und dabei die Vanilleschote gründlich ausdrücken. Abdecken und eine halbe Stunde kalt stellen.

ANRICHTEN

Das Aprikosen-Frischkäsetörtchen in einen kleinen tiefen Teller geben. Dicht mit frischen Blaubeeren belegen, dann den Ring vorsichtig abziehen und mit Vanille-Honigjus umgießen.

TIPP

Dieses Dessert ist als eine kleine Naschportion gedacht.

FRISCHKÄSECREME MIT APRIKOSEN, BLAUBEEREN UND VANILLE-HONIGJUS

FÜR 6 PERSONEN

MUSCHELEINTOPF

2 kg Lister Blaumuscheln

1 kg Herzmuscheln

1 kg Schwertmuscheln

500 g Meerschnecken

60 ml Sonnenblumenöl

5 in Ringe geschnittene Schalotten

150 g Fenchelwürfel

150 g Staudenselleriewürfel

100 g Karottenwürfel

50 g Butter

100 ml Noilly Prat

400 ml leichter Fischfond

1 große Prise Safran

1 TL blanchierter, fein geschnittener Knoblauch

je 1 EL fein gehacktes Fenchelkraut und Blattpetersilie

Meersalz, frisch gemahlener schwarzer Pfeffer, etwas abgeriebene Zitronenschale

MUSCHELEINTOPF

Die Muscheln putzen und kurz waschen, danach gut abtropfen lassen. Sonnenblumenöl stark erhitzen, das Gemüse dazugeben und kräftig anschwitzen. Die Butter und die Muscheln hinzufügen und bei starker Hitze ca. 3 bis 4 Minuten mitschwitzen. Mit Noilly Prat ablöschen, Fischfond, Safran und Knoblauch dazugeben. Zugedeckt bei schwacher Hitze aufkochen und noch 5 Minuten ziehen lassen. Die Kräuter dazugeben und abschmecken.

ANRICHTEN

Die Muscheln mit einer Schaumkelle herausnehmen, dann den Topf etwas schräg stellen, damit sich eventuell vorhandener Sand absetzt. Die Sauce und das Gemüse vorsichtig abgießen. Nun die Sauce gegebenenfalls noch etwas einköcheln lassen und über die Muscheln gießen.

SYLTER MUSCHELEINTOPF

FÜR 6 PERSONEN

500 ml Hagebuttentee
500 ml Schwarztee
500 ml Waldfrüchtetee
1 große Stange Zitronengras, in Scheibchen geschnitten
2 EL Korianderkörner
1 Stück geschälter Ingwer
100 g brauner Rohrzucker
3–4 EL Ahornsirup
Saft und Schale von 2 Zitronen
Saft und Schale von 2 Limonen
Saft von 2 Orangen
200 g Eiswürfel
1 kleiner Bund Pfefferminze

Die frisch gebrühten Teesorten mit Zitronengras, Korianderkörnern, Ingwer und Rohrzucker vermengen und eine halbe Stunde ziehen lassen. Dann durch ein Sieb gießen. Die Zitronen- und Limonenschale und den Ahornsirup dazugeben und die Teemischung auskühlen lassen. Erst wenn die Teemischung kalt ist, die Säfte dazugeben. Kurz vor dem Servieren die Eiswürfel und die frisch gezupften Minzeblätter dazugeben.

TIPP

Eistee kann man in vielen unterschiedlichen Geschmacksvarianten herstellen, zum Beispiel:
– grüner Tee mit Mango und Zitronenmelisse
– Schwarztee mit Kardamom, Ingwer, Orangen und Nelke
– Apfeltee mit Limone und Pfefferminze
– Ingwertee mit Kokosmilch, Passionsfruchtsaft und Koriander

EISTEE À LA KING

FÜR 6 PERSONEN

CREMESÜPPCHEN
30 g Fenchel
30 g Karotten
60 g Schalotten
60 g Champignons
60 g Lauch
200 g Wellhornschnecken
300 g Meeresschnecken (Bigorneau)
150 g Blaumuscheln (oder Miesmuscheln)
60 ml Sonnenblumenöl oder Traubenkernöl
80 ml trockener Martini
200 ml trockener Weißwein
200 ml Gemüsefond (oder Fischfond)
40 g frische Butter
400 ml Sahne
etwas Safran, Knoblauch, Salz, Pfeffer, Zitronensaft
etwas gehackter Kerbel und Estragon

BRATBROT
6 Scheiben Stangenweißbrot
etwas Sonnenblumenöl zum Braten
120 g Queller (Algen/Passe-Pierre)

CREMESÜPPCHEN VON SYLTER MEERESSCHNECKEN MIT BRATBROT UND QUELLER

CREMESÜPPCHEN
Das Gemüse waschen und in Würfel schneiden. Die Schnecken und Muscheln ebenfalls gründlich waschen.
30 ml Öl in einem großen Topf erhitzen, Muscheln und Schnecken dazugeben, kurz und sehr heiß anschwitzen. Nun das Gemüse dazugeben und mitdünsten, bis es glasig ist. Mit Martini und Weißwein ablöschen, Gemüsefond zugeben und abgedeckt bei milder Hitze ca. 10 Minuten leicht köcheln klassen.
Die Muscheln und Schnecken herausnehmen, aus dem Gehäuse holen (am besten mit einer Nadel) und von Darm und Bart befreien. In feine Würfelchen schneiden.
Nun das Gemüse vorsichtig aus dem Fond nehmen und beiseitestellen. Den Fond durch ein ganz feines Sieb geben, damit eventueller Sand nicht in die Suppe gelangt.
Butter in einem Topf aufschäumen lassen, Schnecken und Muscheln leicht anschwitzen, Gemüse dazugeben, kurz mitschwitzen. Mit dem Fond aufgießen, Sahne dazugeben und das Ganze ca. 15 Minuten köcheln lassen. Mit wenig Safran, Salz, Pfeffer, Zitronensaft und Knoblauch würzen. Die Suppe mit einem Stabmixer leicht anmixen, so dass eine leichte Bindung entsteht. Zum Schluss noch etwas frisch gehackten Kerbel und Estragon dazugeben.

BRATBROT
Stangenweißbrotscheiben von beiden Seiten in wenig Öl knusprig braten. Die Queller waschen, putzen, mit kochendem Wasser überbrühen, kalt abwaschen und mit Pfeffer, Zitronensaft und Traubenkernöl marinieren. Nicht salzen, da die Queller einen sehr hohen Salzgehalt haben.

ANRICHTEN
Die aufgemixte Suppe in einen Teller geben. Die knusprigen Bratbrotscheiben mit Queller belegen und zu der Suppe geben.

CREMESÜPPCHEN VON SYLTER MEERESSCHNECKEN MIT BRATBROT UND QUELLER

FÜR 6 PERSONEN

TATAR VOM CHAROLAIS-FILET MIT AQUITAIN-KAVIAR
300 g Charolais-Filet
40 g blanchierte Schalottenwürfel
60 g geschälte, ganz fein gewürfelte Salatgurken
30 ml Traubenkernöl
1/2 Zitrone
frisch gemahlener schwarzer Pfeffer, grobes Meersalz und etwas Tabasco
Aquitain-Kaviar nach Belieben

TATAR VOM BALIK-LACHS MIT IMPERIAL-KAVIAR
400 g Baliklachs
etwas geriebene Limone
2 EL Traubenkernöl
etwas frisch gemahlener weißer Pfeffer
Imperial-Kaviar nach Belieben

AVOCADO-TATAR MIT ZITRONENÖL UND FELCHEN-KAVIAR
2 nicht zu reife Avocados
1/2 Zitrone
1/2 TL Fleur du Sel (aromatisches Meersalz)
1 kleine Prise Ras el-Hanout (marokkanische Gewürzmischung)
1 Spritzer Estragonessig
1 EL Crème fraîche
2 EL Apfelwürfel (Granny Smith, geschält)
1 EL mildes Zitronenöl
frisch gemahlener weißer Pfeffer, etwas Sechuan-Pfeffer (asiatischer Gewürzpfeffer)
Felchen-Kaviar nach Belieben

DREIERLEI TATAR MIT KAVIAR

TATAR VOM CHAROLAIS-FILET MIT AQUITAIN-KAVIAR

Das Rinderfilet zuerst in 0,5 cm dicke Scheiben, dann in feine Streifen und anschließend in feine Würfel schneiden. Die Fleischwürfel in eine Metallschüssel geben und auf Eis stellen.
Die Schalottenwürfel, Salatgurkenwürfel und das Traubenkernöl dazugeben, mit Zitronensaft, Salz, Pfeffer und etwas Tabasco würzen. Eine halbe Stunde in den Kühlschrank stellen und dann nochmals abschmecken.

ANRICHTEN

Schmeckt pur mit Aquitain-Kaviar – es darf ruhig ein bisschen mehr sein.
Sehr gut passt dazu auch etwas glatt gerührte Crème fraîche mit einem Spritzer Zitrone.

TATAR VOM BALIK-LACHS MIT IMPERIAL-KAVIAR

Baliklachs in feine Würfel schneiden. Mit ganz wenig Limone, Traubenkernöl und frisch gemahlenem Pfeffer würzen. Der Baliklachs ist so fein und zart, dass er nur ganz vorsichtig gewürzt werden darf.

ANRICHTEN

Perfekt passt zu diesem ganz besonders feinen Tatar iranischer Imperial-Kaviar.

AVOCADO-TATAR MIT ZITRONENÖL UND FELCHEN-KAVIAR

Avocados halbieren und aus der Schale lösen. 2 EL mit der Gabel zerdrücken und mit den Gewürzen, dem Zitronensaft und der Crème fraîche vermengen. Die restlichen Avocados grob würfeln, Apfelwürfel dazugeben und gleich mit dem Zitronenöl beträufeln. Alles vermengen.

ANRICHTEN

Den Tatar mit einer großen Portion Felchen-Kaviar servieren.

DREIERLEI TATAR MIT KAVIAR

GEBRATENE MEERÄSCHE AUF QUELLERN UND KLEINEN MEERSCHNECKEN

FÜR 6 PERSONEN

MEERÄSCHE
6 Tranchen vom Meeräschenfilet mit Haut à ca. 140 g
40 ml Traubenkernöl
etwas grobes Meersalz, weißer Pfeffer, etwas Limonensaft

QUELLER
200 g frisch gezupfte Queller
10 g Süßrahmbutter
2 Tomaten, abgezogen, entkernt und gewürfelt
1 EL frisch gehackte Blattpetersilie
frisch gemahlener Pfeffer

SCHNECKENSAUCE
50 g geklärte Butter
2 fein geschnittene Schalotten
6 feste weiße Champignons, grob gewürfelt
80 g fein geschnittener Fenchel
300 g frische Meerschnecken im Gehäuse
40 ml Noilly Prat
200 ml Fischfond
100 ml heller Kalbsfond
100 ml Sahne
etwas Limonensaft, grobes Meersalz, weißer Pfeffer aus der Mühle
1 TL fein geschnittener Estragon

MEERÄSCHE

Die Meeräschenfilets leicht salzen und pfeffern. Das Traubenkernöl in einer beschichteten Pfanne nicht zu stark erhitzen, darin die Meeräschenfilets zuerst auf der Hautseite braten, bis sie fast knusprig ist. (Darauf achten, dass die Filets nicht zu heiß braten.) Die Filets wenden und immer wieder mit dem Bratensatz übergießen. Die Meeräsche sollte schön glasig gebraten sein.

QUELLER

Die Queller kurz waschen und in streichholzgroße Stäbchen zupfen.
Die Butter aufschäumen, Queller kurz darin schwenken, die Tomatenwürfel und Petersilie dazugeben. Die Queller mit etwas frisch gemahlenem Pfeffer abschmecken.

SCHNECKENSAUCE

Die geklärte Butter erhitzen, Schalotten, Champignons, Fenchel und die gewaschenen Meerschnecken (im Gehäuse) dazugeben. Bei starker Hitze kurz anschwitzen. Mit Noilly Prat ablöschen und zugedeckt bei schwacher Hitze 5 Minuten ziehen lassen.
Mit Kalbs- und Fischfond aufgießen und bei milder Hitze etwa 10 Minuten köcheln lassen.
Die Schnecken aus dem Sud nehmen und abtropfen lassen, den Saft dabei auffangen und wieder in den Sud geben.
Die Sahne zum Sud geben, nochmals 10 Minuten köcheln lassen und dann mit dem Stabmixer pürieren. Die Sauce durch ein feines Sieb passieren, mit etwas Limonensaft, Meersalz und frisch gemahlenem Pfeffer abschmecken.
Die Schnecken mit einer Nadel aus dem Gehäuse pulen, das Darmteil und die kleine Hornplatte entfernen. Die Schnecken als Sauceneinlage beiseitestellen.

ANRICHTEN

Zuerst die kurz geschwenkten Queller in einen tiefen Teller geben, dann das glasig gebratene Meeräschenfilet darauflegen. Die Sauce aufkochen, mit dem Stabmixer kurz aufschäumen. Die Schnecken und den fein geschnittenen Estragon hineingeben und zur Meeräsche servieren.

GEBRATENE MEERÄSCHE AUF QUELLERN UND KLEINEN MEERSCHNECKEN

AUF HOHER SEE

FÜR 6 PERSONEN

STAMPFKAROTTEN
200 g geschälte Karotten, 2 geschälte Schalotten
30 g Butter
20 ml Noilly Prat, 100 ml milder Geflügelfond
Meersalz, grüner Pfeffer

GRÜNE ZWIEBELN
4 kleine Bund grüne Zwiebeln (Schluppen)
40 g Butter
100 ml Gemüsefond
etwas Thymian, Zucker, weißer Essig, Meersalz und Pfeffer aus der Mühle

SAUCE
4 Schalotten, 10 Champignonköpfe, 50 g Knollensellerie
50 g Butter
80 ml trockener Riesling, 80 ml Noilly Prat
125 ml Sahne
125 ml Fischfond, 125 ml Kalbsfond
1 Knoblauchzehe
weiße Pfefferkörner, Thymian, Rosmarin, Blattpetersilie, Gewürze
1 EL geschlagene Sahne

STEINBUTT
6 Tranchen Steinbuttfilet à 150 g
etwas Meersalz, weißer Pfeffer
geklärte Butter oder neutrales Öl
2 Thymianzweige, 1 EL frische Butter

ANRICHTEN
12 Sylter Royal-Austern, in feine Würfel geschnitten (das Austernwasser aufbewahren)

GEBRATENER STEINBUTT MIT STAMPFKAROTTEN, GRÜNEN ZWIEBELN UND AUSTERNSAUCE

STAMPFKAROTTEN
Die geschälten und grob gewürfelten Karotten mit den klein geschnittenen Schalotten in Butter anschwitzen, mit Noilly Prat ablöschen. Geflügelfond, etwas Meersalz und 1 TL eingelegten grünen Pfeffer dazugeben. Zugedeckt bei schwacher Hitze ca. 50 Minuten ziehen lassen, bis die Karotten weich sind und mit einer Gabel oder einem Stampfer gedrückt werden können.

GRÜNE ZWIEBELN
Die grünen Zwiebeln schälen und in Butter anschwitzen. Gemüsefond, Thymianzweig, eine kleine Prise Zucker, Meersalz, Essig und Pfeffer aus der Mühle dazugeben. Die Zwiebelchen im Fond garziehen lassen, herausnehmen und den Fond ganz einkochen lassen. Kurz vor dem Anrichten die Zwiebeln nochmals kurz in dem reduzierten Fond schwenken.

SAUCE
Schalotten, Sellerie und Champignons klein schneiden und in Butter anschwitzen. Mit trockenem Riesling und Noilly Prat ablöschen, dann auf ein Drittel einkochen lassen. Jetzt Sahne, Kalbs- und Fischfond dazugeben, Knoblauch, einige Pfefferkörner, Kräuter und die Gewürze beifügen und auf etwa die Hälfte einkochen lassen. Mit einem Stabmixer anmixen und das Gemüse durch ein feines Sieb gießen. Dabei kräftig ausdrücken, so wird die Sauce natürlich gebunden.

STEINBUTT
Den Steinbutt leicht mit Meersalz und Pfeffer aus der Mühle würzen und in einer beschichteten oder Steingutpfanne mit geklärter Butter oder neutralem Öl ca. 1/2 Minute von beiden Seiten anbraten. Thymianzweige und Butter dazugeben. Das Ganze nur so lange in der Pfanne belassen, bis die Filets innen noch schön glasig sind.

ANRICHTEN
Das Steinbuttfilet auf den Teller legen, Stampfkarotten und die glacierten grünen Zwiebeln dazugeben. Sauce aufkochen und mit der geschlagenen Sahne kurz aufmixen. 4 bis 5 EL Austernwasser und die ganz fein geschnittenen Austern dazugeben. Damit den Steinbutt umgießen.

GEBRATENER STEINBUTT MIT STAMPFKAROTTEN, GRÜNEN ZWIEBELN UND AUSTERNSAUCE

FÜR 6 PERSONEN

ROLLMOPS
12 Rotbarbenfilets à 60 bis 80 g, geschuppt und entgrätet, 12 Holzspieße
Meersalz, weißer Pfeffer und Koriander aus der Mühle
3 frische kleine Gurken
einige Schnittlauchspitzen zum Garnieren
Wildkräuter (Giersch, Scharfgarbe, Spitzwegerich, Sauerampfer) nach Geschmack

MARINADE
6 Schalotten
100 ml Estragonessig
500 ml Fischfond
200 ml Rapsöl
100 ml Weißwein
1 Knoblauchzehe
10 g weiße Pfefferkörner
10 g Senfsaat-Körner, 1 TL englisches Senfpulver
10 g Koriandersamen, 1 TL Kümmel, 2 Lorbeerblätter
abgeriebene Schale von einer Zitrone
Meersalz, Zucker, weißer Pfeffer

ROLLMOPS
Die Rotbarbenfilets zwischen Klarsichtfolie leicht plattieren. Mit Salz, Pfeffer und Koriander würzen. Längs aufrollen, so dass die Schwanzspitze oben liegt, und mit den Holzspießen fixieren.

MARINADE
Schalotten anschwitzen, mit Estragonessig ablöschen, dann alle restlichen Zutaten zugeben und 10 Minuten sanft köcheln lassen. Die heiße Marinade über die vorbereiteten Rotbarben und Gurken geben, so dass sie bedeckt sind. 24 Stunden im Kühlschrank durchziehen lassen.

ANRICHTEN
Die Rotbarben aus der Marinade nehmen und in tiefe Teller geben. Die Marinade durch ein feines Sieb gießen und den Rollmops damit nappieren. Die Gurken in Scheibchen schneiden und darauf verteilen. Mit Wildkräutern und Schnittlauchspitzen garnieren.

ROLLMOPS VON DER ROTBARBE

FÜR 6 PERSONEN

HUMMER
3 bretonische Hummer à 600 g

KRUSTENTIERJUS
2 EL Karotten in groben Würfeln
2 EL Staudensellerie in groben Würfeln
2 EL Fenchel in groben Würfeln
10 Champignons
4 Schalotten in groben Würfeln
1 Knoblauchzehe
1 Tomate
1 TL Tomatenkompott
80 ml Noilly Prat
1 l leichter Fischfond
1/2 TL Kerbel, gehackt
1/2 TL Estragon, gehackt
1/2 TL Thymian, gehackt
1/2 TL Ingwer, gehackt
Meersalz, Cayennepfeffer, Kubebenpfeffer, gemahlener Koriander, einige Senfsaatkörner
etwas Raz el-Hanout
50 g eiskalte Süßrahmbutter

GERÖSTETER BLUMENKOHL
400 g Blumenkohlröschen

ANRICHTEN
60 g gesalzene Butter
etwas Sonnenblumenöl

GEGRILLTER BRETONISCHER
HUMMER AUF GERÖSTETEM
BLUMENKOHL UND KRUSTENTIERJUS

HUMMER

Den Hummer kopfüber in sprudelndes Salzwasser geben. Das Wasser kurz aufkochen lassen, dann den Topf von der Kochstelle nehmen und ca. 2 Minuten ziehen lassen. Den Hummer sofort in Eiswasser abschrecken. Das Schwanzfleisch in der Schale belassen und diese mit einem schweren Messer längs halbieren. Die Scheren vorsichtig ausbrechen – sollten sie noch zu weich sein, nochmals 2 bis 3 Minuten nachkochen.

KRUSTENTIERJUS

Die Hummerschalen mit einem schweren Gegenstand zerstoßen und im auf 160 °C vorgeheizten Ofen ca. 10 Minuten anrösten. Die Schalen in einen großen Topf mit geklärter Butter geben und bei mittlerer Hitze langsam anrösten (nicht zu stark, sonst wird der Jus bitter).
Je 2 EL Karotten, Staudensellerie, Champignons, Fenchel und die Schalotten dazugeben und leicht mitschwitzen. Knoblauch, Tomaten und Tomatenmark dazugeben und nochmals anschwitzen. Wenn sich am Topfboden eine leichte Röstschicht bildet, mit Noilly Prat ablöschen, dann köcheln lassen, bis fast die gesamte Flüssigkeit verdampft ist. Mit Fischfond aufgießen, alle Gewürze und Kräuter dazugeben und 20 Minuten leicht köcheln lassen. Den Jus durch ein grobes Sieb passieren und die Krustentierkarkassen dabei kräftig ausdrücken.
Den gewonnenen Fond mindestens auf die Hälfte einkochen lassen. Durch ein feines Sieb passieren und mit dem Stabmixer einmal gut durchmixen. Im letzten Moment bei schwacher Hitze die eiskalten Butterstückchen unterrühren – die Sauce darf nicht mehr kochen. Mit Salz, Pfeffer und Cayennepfeffer vorsichtig abschmecken.

GERÖSTETER BLUMENKOHL

Den Blumenkohl in kleine Röschen schneiden und in gut gesalzenem Wasser garen, bis er noch ein wenig Biss hat. Die Röschen abschrecken, trocken tupfen und mit etwas geklärter Butter in der Pfanne leicht anrösten. Zum Schluss einige feine Schalottenwürfel mit anrösten. Mit einer Prise Salz, weißem Pfeffer und etwas fein gehacktem Kerbel und Estragon würzen.

ANRICHTEN

Eine Grillpfanne leicht mit einer Knoblauchzehe ausreiben und darin den halbierten Hummerschwanz mit etwas frischer Butter und Sonnenblumenöl von beiden Seiten vorsichtig braten. Die Scheren dazugeben und zwei- bis dreimal wenden.

GEGRILLTER BRETONISCHER HUMMER AUF GERÖSTETEM BLUMENKOHL UND KRUSTENTIERJUS

KABELJAU IM KRABBENSUD
MIT SCHMORGURKEN UND
MORSUMER KARTOFFELN

FÜR 6 PERSONEN

BUTTERFOND UND KABELJAU
150 g Gemüse- oder Fischfond
40 ml Noilly Prat
80 g Butter
1 Estragonzweig
Meersalz, weißer Pfeffer, etwas Limonensaft
6 hohe Mittelstücke vom Kabeljaufilet à 120 g

KRABBENSUD
500 g frische Krabben in der Schale
50 g Butter
30 g Fenchel
30 g Staudensellerie
30 g Champignons
30 g Schalotten
1 Tomate
1 TL Tomatenmark
80 ml Noilly Prat
400 ml Fisch- oder leichter Gemüsefond
80 ml Sahne
etwas Fenchelsamen, Senfsaatkörner, weißer Pfeffer, Meersalz, etwas Koriander
40 g kleine, eiskalte Butterstückchen

MORSUMER KARTOFFELN UND SCHMORGURKEN
12 kleine Morsumer Kartoffeln mit Schale, in Meersalzwasser gekocht
2 kleine Schmorgurken, geschält, mild gewürzt geschmort

KABELJAU IM KRABBENSUD MIT SCHMORGURKEN UND MORSUMER KARTOFFELN

BUTTERFOND UND KABELJAU
Den Fond mit Noilly Prat aufkochen, die Butterstückchen einmixen, Estragon dazugeben und mit Meersalz, weißem Pfeffer und etwas Limonensaft würzen. Die Kabeljaufilets in dem heißen Butterfond ca. 5 bis 8 Minuten ziehen lassen.

KRABBENSUD
Die Krabben vom Schwanz her pulen und erst zum Schluss den Kopf abdrehen. Einige Krabbenschwänze mit Kopf aufbewahren. Das fein geschnittene Gemüse mit den Krabbenschalen in einen Topf geben und in der Butter bei milder Hitze vorsichtig anschwitzen. Darauf achten, dass die Krabbenschalen nicht anbrennen – sie sind sehr dünn. Das Tomatenmark dazugeben und nochmals anschwitzen, bis sich am Topfboden eine Röstschicht abzeichnet. Mit Noilly Prat ablöschen, einkochen lassen. Mit Fischfond aufgießen, Gewürze dazugeben und auf die Hälfte einkochen lassen. Die Sahne dazugeben und nochmals 5 Minuten köcheln lassen. Den Sud durch ein feines Sieb geben, dabei die Schalen sehr gründlich ausdrücken. Nochmals aufkochen, abschmecken, die eiskalten Butterstückchen mit dem Stabmixer einmixen. Den Fond nicht mehr kochen.

MORSUMER KARTOFFELN UND SCHMORGURKEN
Die Kartoffeln heiß pellen, in 1/2 cm dicke Scheiben schneiden und auf dem Teller fächerförmig anrichten. Die mild gewürzten Schmorgurken würfeln.

ANRICHTEN
Die Kartoffelscheiben fächerförmig auf einem Teller anrichten. Die Schmorgurken in die Mitte geben, darauf das abgetupfte Kabeljaufilet legen. Alles mit etwas grobem Meersalz und weißem Pfeffer aus der Mühle würzen. Die Krabben in einem Sieb ganz kurz in der Sauce erwärmen und dazugeben. Das Ganze mit dem aufgemixten Krabbensud übergießen. Auf den Kabeljau als Dekoration die vorher beiseitegestellten Krabben geben.

TIPP
Wenn Sie die Kabeljaufilets in den heißen Fond legen, müssen Sie den Topf nochmals auf die Herdplatte schieben. Es ist besser, die Filetstücke etwas länger ziehen zu lassen, als den Fond zu stark zu erhitzen, sonst gerinnt das Eiweiß, der Kabeljau wird trocken und zerfällt.

KABELJAU IM KRABBENSUD MIT SCHMORGURKEN UND MORSUMER KARTOFFELN

FÜR JE 2 PERSONEN

1 kg Glattbutt

Den Glattbutt unter fließendem Wasser säubern, dann die Flossen bzw. die Lamellen an den Seiten mit einer Schere abschneiden. Eine große Pfanne vorsichtig erhitzen, neutrales Sonnenblumenöl hineingeben. Den Glattbutt leicht mit Mehl bestäuben und von beiden Seiten vorsichtig braten. Aus der Pfanne nehmen, das Sonnenblumenöl abgießen.
Etwas frische Butter in die Pfanne geben, aufschäumen lassen und leicht bräunen. Mit etwas Limonensaft und dem Saft von eingelegtem grünem Pfeffer ablöschen. Nur noch leicht pfeffern. Zur Dekoration einige feine gedünstete Kartoffelwürfelchen mit frisch geschnittenem Schnittlauch und eingelegtem grünem Pfeffer vermengen und auf die Mittelgräte legen.

TIPP
Zum Braten eignen sich steinstaubbeschichtete Pfannen mit doppeltem Boden am besten. Durch den doppelten Boden verteilt sich die Hitze besser und ist dadurch auch feiner dosierbar. Die Beschichtung ist dem Teflon ähnlich, nur etwas robuster.
Die Bratzeit hängt natürlich von der Größe des Fisches ab. Bei einem 1 kg schweren Glattbutt rechne ich mit 4 bis 5 Minuten von jeder Seite.
Braten Sie den Fisch nicht zu heiß. Die Haut schützt zwar das zarte und eiweißhaltige Fischfleisch, aber zu viel Hitze lässt das Eiweiß gerinnen, der Saft tritt aus und der Fisch wird trocken.

KINGS KOCHINSPIRATIONEN: GEBRATENER GLATTBUTT MIT KARTOFFELN, SCHNITTLAUCH UND GRÜNEM PFEFFER

MANDELKNUSPERTEIG FÜR KLEINE FRÜCHTETÖRTCHEN

FÜR 6 PERSONEN

MANDELKNUSPERTEIG
180 g Butter
60 g Puderzucker
180 g Mehl
90 g Mandelgrieß
etwas abgeriebene Zitronenschale, 1 kleine Prise Salz, Mark einer halben Vanilleschote

VANILLECREME
125 ml Milch
125 ml Sahne
1 frische Vanilleschote
3 Eigelb
75 g brauner Rohrzucker
10 g Stärke
15 g Cremepulver

MANDELKNUSPERTEIG

Die Butter in kleine Stücke schneiden und schnell mit allen anderen Zutaten zu einem glatten Teig vermengen. Den Teig in Klarsichtfolie einpacken und 1 Stunde im Kühlschrank durchkühlen lassen. Aus dem gekühlten Teig kleine Kugeln formen und kleine Backförmchen (am besten beschichtete) nicht zu dünn damit auslegen. Die Törtchen im auf 180 °C vorgeheizten Backofen goldbraun backen. Die fertigen Törtchen kurz auskühlen lassen und gleich aus den Förmchen lösen.

VANILLECREME

Die Milch und die Sahne mit der ausgeschabten Vanille und der Vanilleschote einmal aufkochen und 5 Minuten bei schwacher Hitze ziehen lassen. Die Vanilleschote herausnehmen und gründlich ausdrücken.

Alle anderen Zutaten miteinander vermischen, glatt rühren und zur heißen Vanille-Sahne-Milch geben. Die Creme unter ständigem Rühren bei schwacher Hitze gründlich durchkochen. (Vorsicht: Die Creme brennt sehr schnell an.) Die Creme in eine Schüssel umfüllen und unter Rühren schnell abkühlen lassen. Die Creme abdecken und kühl stellen. Kurz vor dem Weiterverarbeiten etwas geschlagene Sahne unter die kalte Vanillecreme heben.

ANRICHTEN

Die Knuspermandel-Törtchen mit der Vanillecreme füllen und mit Walderdbeeren garnieren.

TIPP

Den Teig nicht zu lange bearbeiten, sonst wird er brandig und trocken. Die Butter auf keinen Fall schaumig rühren.

Natürlich können Sie den Teig auch ausrollen, ausstechen und dann die Förmchen auslegen.

Wenn man die Vanillecreme unter ständigem Rühren (zum Beispiel auf Eiswasser in einer großen Schüssel) abkühlt, bleibt sie schön cremig und ist perfekt zur Weiterverarbeitung geeignet. Decken Sie die Creme immer direkt mit Klarsichtfolie ab, so kann keine Haut entstehen.

Zum Garnieren können Sie auch Himbeeren, Erdbeeren, Brombeeren, frisches Feigenmark oder andere Früchte verwenden. Achten Sie darauf, dass die Früchte immer vollreif und aromatisch sind. Geben Sie keinen Alkohol dazu und verwenden Sie keine Glasuren oder Gelees.

FÜR 6 PERSONEN

CREMESUPPE
2 Kopfsalat
60 g geräucherter Speck, 80 g Kartoffeln, 3 Schalotten, 5 weiße Champignons
300 ml Geflügelfond, 250 g Crème double, 80 ml Noilly Prat
grobes Meersalz, etwas Muskat, weißer Pfeffer, Zitronensaft

KARTOFFEL-KAVIAR-LASAGNE
100 g Kartoffeln
150 g Lachstatar, 100 g Imperial- oder Prunier-Kaviar

CREMESUPPE
Den Kopfsalat von Strunk und Stielen sowie von den äußeren Blättern befreien und waschen. Vier bis fünf schöne Blätter in ganz feine Blättchen schneiden. Die restlichen Kopfsalatblätter durch den Entsafter geben (ergibt ca. 150 ml Kopfsalatsaft).
Den Speck in feine Streifen schneiden und in einem großen Topf so lange erhitzen, bis er braun und kross ist. Die Speckstreifen herausnehmen – wir brauchen nur das leicht rauchige Speckfett. Die grob gewürfelten Kartoffeln, die Champignons und die Schalotten kräftig in dem Speckfett anschwitzen, ohne dass sie Farbe annehmen. Mit Noilly Prat ablöschen, kurz einkochen lassen und dann mit Geflügelfond und Crème double aufgießen. Etwa 15 Minuten köcheln lassen, dann alles ganz fein mixen und durch ein feines Sieb geben. Mit Salz, einem Hauch Muskat, Pfeffer und Zitronensaft vorsichtig abschmecken.

KARTOFFEL-KAVIAR-LASAGNE
Die Kartoffeln in 0,5 cm dünne Scheibchen schneiden. Die Kartoffelscheiben in Salzwasser garen, bis sie nur noch ganz wenig Biss haben. Pro Portion 4 Kartoffelscheibchen abwechselnd mit Lachstatar übereinanderschichten. Einen gehäuften Löffel Kaviar obenauf geben.

ANRICHTEN
Die Specksauce aufkochen, den Kopfsalatsaft einmixen, nochmals ganz kurz aufkochen lassen und abschmecken. Die Lasagne in einen tiefen Suppenteller geben, mit der heißen Suppe umgießen und die Kopfsalatblättchen einstreuen.

KOPFSALAT-CREMESUPPE MIT KARTOFFEL-KAVIAR-LASAGNE

GEEISTES SCHWARZWÄLDER KIRSCHGRATIN

FÜR 6 BIS 8 PERSONEN

SCHOKOLADENBISKUIT

60 g Butter

15 g Puderzucker

50 g Eigelb

1 kleine Prise Salz, etwas Vanille

60 g flüssige Edelbitter-Schokolade (mindestens 70 % Kakaogehalt)

90 g Eiweiß

30 g Zucker

65 g Mehl

Backpapier

MANDELGRATINMASSE

4 Eigelb

80 g Zucker

4 Eiweiß

1 Prise Salz

1 EL Quark

1 TL Speisestärke

KIRSCHFÜLLUNG

10 g Butter

10 g brauner Rohrzucker

100 g frisch entsteinte, halbierte Kirschen

40 ml Kirschlikör

1 Blatt Gelatine

GEEISTES SCHWARZWÄLDER KIRSCHGRATIN

KIRSCHWASSER-RAHMEIS

200 ml Frischmilch

200 ml Sahne

5 Eigelb

75 g Zucker

75 ml flambiertes Kirschwasser (dazu das Kirschwasser erhitzen und flambieren)

MARINADE

50 g Zucker

100 ml Wasser

40 ml Kirschlikör

40 ml Kirschwasser

ANRICHTEN

150 g entsteinte und halbierte Kirschen

GEEISTES SCHWARZWÄLDER KIRSCHGRATIN

SCHOKOLADENBISKUIT

Die weiche Butter mit dem Puderzucker gut schaumig rühren. Eigelb und Gewürze dazugeben und kräftig weiterschlagen. Dann die flüssige Schokolade unterrühren.

Die Eiweiß anschlagen, den Zucker einrieseln lassen und steif schlagen. Den Eischnee abwechselnd mit dem Mehl unter den Schokoladen-Butter-Teig heben.

Den Teig ca. 4 cm hoch auf ein mit Backpapier belegtes Backblech streichen und im auf 210 °C vorgeheizten Backofen 5 Minuten anbacken. Dann die Temperatur auf 180 °C reduzieren und den Biskuit noch ca. 15 Minuten weiterbacken. Den Biskuit sofort nach dem Backen 10 Minuten kalt stellen (am besten im Gefrierfach), damit er schnell abkühlt und nicht austrocknet.

Aus dem erkalteten Biskuit kleine Kreise (ca. 10 cm Durchmesser) ausstechen, diese jeweils zwei- bis dreimal horizontal durchschneiden, so dass man je Kreis zwei bis drei ca. 1/2 cm dicke Scheibchen erhält.

MANDELGRATINMASSE

Die Eigelb mit der Hälfte des Zuckers (40 g) sehr schaumig schlagen.

Die Eiweiß anschlagen, 1 Prise Salz zufügen, erst dann nach und nach die zweite Hälfte des Zuckers zugeben, dabei kräftig weiterschlagen. Nun Eigelb und Eischnee vermischen, den Quark zugeben, dann vorsichtig die Speisestärke untermischen.

VANILLESAHNE

Die Sahne mit dem Puderzucker und dem Mark der Vanilleschote steif schlagen.

KIRSCHFÜLLUNG

Die Butter schmelzen und den braunen Rohrzucker dazugeben. Die Butter-Zucker-Mischung so lange vorsichtig erhitzen, bis der Zucker leicht karamellisiert. Die frischen Kirschen in den Karamell geben, mit Kirschlikör ablöschen und im zugedeckten Topf 5 Minuten bei schwacher Hitze ziehen lassen. Sofort in eine Schüssel umfüllen. Die eingeweichte und ausgedrückte Gelatine dazugeben und kühl stellen.

GEEISTES SCHWARZWÄLDER KIRSCHGRATIN

KIRSCHWASSER-RAHMEIS

Die Milch mit der Sahne stark erhitzen, aber nicht kochen.

Die Eigelb und den Zucker kräftig aufschlagen, bis die Masse fast weiß ist. Dann die Eimasse zu der heißen Milch-Sahne-Mischung geben, dabei ständig Rühren. Diese Creme bei schwacher Hitze unter ständigem Rühren bis zur Rose abziehen (also bis die Masse durch das Erhitzen des Eigelbs eine sämige Bindung erhält).

Dann das flambierte Kirschwasser hinzufügen und die Mischung durch ein feines Passiersieb geben. In der Eismaschine cremig frieren.

MARINADE

Wasser und Zucker aufkochen, Kirschlikör und Kirschwasser dazugeben und auskühlen lassen.

ANRICHTEN

Den Schokoladenbiskuit in tiefe Teller legen und dünn mit der Marinade bepinseln. Pro Portion 1 bis 2 EL Kirschwasser-Rahmeis daraufstreichen. Die Teller sofort in das Gefrierfach stellen. Nach mindestens 20 Minuten herausnehmen, je 1 1/2 EL Kirschfüllung obenauf geben. Mit der Gratinmasse bedecken. Erst jetzt die halbierten Kirschen darauflegen. Alles sofort bei starker Oberhitze gratinieren. Dann je eine schöne Nocke Kirschwasser-Rahmeis in die Mitte setzen und sofort servieren.

TIPP

Lassen Sie den Biskuit mit dem Eis beim Anrichten nicht zu lang im Gefrierfach, sonst ist später das optimale Verhältnis von heißem Gratin und kaltem Biskuit mit Eis und Kirschfüllung nicht mehr gegeben.

Schokoladenbiskuit kann man auch sehr gut auf Vorrat zubereiten. Dabei müssen Sie stets darauf achten, dass der Biskuit gut eingepackt aufbewahrt wird, damit er nicht austrocknet.

GEEISTES SCHWARZWÄLDER KIRSCHGRATIN

FÜR CA. 6 PERSONEN

VINAIGRETTE
100 ml Rapsöl, 20 ml Apfelessig, Saft 1/4 Zitrone, 1/2 TL Zucker
etwas Meersalz, schwarzer Pfeffer, 1 Prise englisches Senfpulver
50 ml Gemüsefond

WIESENKRÄUTER
je 1 Handvoll sauber geputzter und gewaschener Giersch, Löwenzahn, Sauerampfer, Taubnessel, Melisse, Schafgarbe, Schnittlauch, Wiesenkümmel, Spitzwegerich, Leimkraut, Bachkresse usw.

ANRICHTEN
einige neue, in Meersalz-Wasser gekochte Morsumer Kartoffeln mit Schale, einige kleine, gedünstete Bundmöhren, einige marinierte grüne Spargelstangen

VINAIGRETTE
Aus frischem Rapsöl, Apfelessig, etwas Zitronensaft, Zucker, Meersalz, schwarzem Pfeffer aus der Mühle, Senfpulver und Gemüsefond ein mildes Dressing herstellen. Mit dem Stabmixer kräftig durchmixen, dann nochmals abschmecken. Die Essigsäure sollte nicht zu dominant sein, sondern das Rapsöl im Vordergrund stehen.

ANRICHTEN
Die Kartoffeln in Scheiben schneiden und zusammen mit den Bundmöhren und Spargelstangen auf den Teller legen. Die Wiesenkräuter üppig dazwischen verteilen. Mit der Vinaigrette nappieren. Etwas grobes Meersalz und frisch gemahlenen schwarzen Pfeffer darüberstreuen.

TIPP
Bei der Vinaigrette verwende ich bewusst Essig und Öl aus der Region. Rapsöl ist ein wunderbares, goldgelb fließendes, gesundes Öl. Rapsöl soll immer kalt und dunkel aufbewahrt werden. Es verträgt keine lange Lagerung. Zu diesem Salat passen Meeresfrüchte, etwa gebratene Langostinos, roh marinierte Jakobsmuscheln oder gebratener Hummer.

WIESENKRÄUTER-SALAT MIT RAPSÖL-VINAIGRETTE

FÜR 6 PERSONEN

STRUDELBLÄTTER
250 g gezogener Strudelteig
etwas Puderzucker
Koriander aus der Mühle

RHABARBERCHIPS
Schalen von 10 Stangen Rhabarber
200 ml Wasser
200 g Zucker
Saft von 1/2 Zitrone

RHABARBER
10 Stangen Rhabarber, geschält
250 ml Wasser
250 g Zucker
1 Vanilleschote
Saft und Schale von 1 Zitrone

RHABARBERSORBET
50 g Zucker
200 ml Weißwein
400 g Rhabarber
20 g Glykose
200 ml Sekt
100 ml Läuterzucker (Zuckersirup)
1 Zitrone

KNUSPRIGE STRUDELBLÄTTER MIT RHABARBER UND DREIERLEI SORBET

KRÄUTERSORBET
30 g Glykose
200 ml Läuterzucker
10 g Estragon
5 g Blattkoriander
10 g Basilikum
10 g Zitronenmelisse
5 g Minze
200 ml Sekt

BUTTERMILCHSORBET
400 ml Buttermilch
200 ml Läuterzucker
20 g Glykose
Saft und Schale von 1 Zitrone

KNUSPRIGE STRUDELBLÄTTER MIT RHABARBER UND DREIERLEI SORBET

STRUDELBLÄTTER
Die Strudelblätter ausbreiten und 24 Rechtecke von 7,5 cm × 3,5 cm schneiden. Dünn mit Puderzucker besieben und mit Koriander würzen. Vorsichtig auf mit Backpapier ausgelegten Backblechen auslegen und im auf 200 °C vorgeheizten Backofen 5 bis 6 Minuten karamellisieren. Auf einem Ofenrost auskühlen lassen.

RHABARBERCHIPS
Die mit einem Messer vorsichtig abgezogene Rhabarberschale mit Wasser, Zucker und Zitronensaft aufkochen. Die Rhabarberschalen zusammen mit dem Zuckersirup in einen Vakuumbeutel füllen, für 4 bis 6 Minuten in das kochende Wasser geben und sofort in Eiswasser abschrecken. Die Rhabarberschalen vorsichtig aus dem Beutel in ein Sieb geben und abtupfen. Einzeln auf Silikonbackmatten legen und im auf 45 °C vorgeheizten Backofen 10 bis 12 Stunden trocknen. Mit einer Palette vorsichtig lösen und umdrehen. Dann weitere 4 bis 5 Stunden trocknen.

RHABARBER
Den geschälten Rhabarber in 3,5 cm × 1 cm lange Stifte schneiden. Wasser, Zucker, das ausgekratzte Mark der Vanilleschote sowie Zitronenschale und -saft aufkochen. Den Zuckersirup mit dem Rhabarber vermischen, in einen Vakuumbeutel füllen und für 4 bis 6 Minuten in das leicht siedende Wasser geben. Sofort in Eiswasser abschrecken und mindestens 24 Stunden im Beutel durchziehen lassen.

RHABARBERSORBET
Den Zucker in einer Pfanne leicht karamellisieren lassen und mit Weißwein lösen. Den gewaschenen, grob zerkleinerten Rhabarber zugeben und 10 bis 15 Minuten sanft köcheln lassen. Im Mixer gründlich pürieren und durch ein feines Sieb passieren. Das Rhabarberpüree mit Glykose, Sekt und Läuterzucker mischen und mit Zitronensaft abschmecken. Die Sorbetmasse in der vorgekühlten Eismaschine frieren. Wenn sie schön cremig ist, herausnehmen und im Tiefkühlgerät kalt stellen.

KNUSPRIGE STRUDELBLÄTTER MIT RHABARBER UND DREIERLEI SORBET

KRÄUTERSORBET
Die Glykose in wenig Läuterzucker auf der Herdplatte lauwarm auflösen. Mit dem restlichen Läuterzucker und den gehackten Kräutern mischen und fein mixen. Sekt dazugeben und in der gekühlten Eismaschine frieren. Wenn das Sorbet schön cremig ist, herausnehmen und im Tiefkühlgerät kaltstellen.

BUTTERMILCHSORBET
Alle Zutaten in den heißen Läuterzucker einmixen und sofort in der vorgekühlten Eismaschine frieren. Wenn das Sorbet schön cremig ist, herausnehmen und im Tiefkühlgerät kalt stellen.

ANRICHTEN
Den Rhabarber aus dem Beutel nehmen und in ein Sieb geben, den Fond dabei auffangen. Den Rhabarber mit Küchenpapier trocken tupfen. Ein Knusperblatt in die Tellermitte legen und der Länge nach mit Rhabarberstiften belegen. Ein weiteres Knusperblatt darübergeben und wieder mit Rhabarber belegen. Den Vorgang wiederholen und mit einem Knusperblatt schließen. Mit etwas Rhabarberfond umgießen, je eine Nocke Sorbet von jeder Sorte auf das Türmchen setzen und mit einem Rhabarberchip garnieren.

TIPP
Die Rhabarberchips halten sich in einer gut verschlossenen Plastikdose 4 bis 5 Tage.
Durch das Garen im Vakuum behält der Rhabarber seine wunderbare Farbe und auch wesentlich stärker seinen Eigengeschmack.
Besonders gut schmeckt zu diesem Dessert ein Schlag ungesüßte Sahne.

KNUSPRIGE STRUDELBLÄTTER MIT RHABARBER UND DREIERLEI SORBET

HERBST

Der Nebel steigt, es fällt das Laub;
Schenk ein den Wein, den holden!
Wir wollen uns den grauen Tag
Vergolden, ja vergolden!

Und geht es draußen noch so toll,
Unchristlich oder christlich,
Ist doch die Welt, die schöne Welt,
So gänzlich unverwüstlich!

Und wimmert auch einmal das Herz –
Stoß an und laß es klingen!
Wir wissen's doch, ein rechtes Herz
Ist gar nicht umzubringen.

Der Nebel steigt, es fällt das Laub;
Schenk ein den Wein, den holden!
Wir wollen uns den grauen Tag
Vergolden, ja vergolden!

Wohl ist es Herbst; doch warte nur,
Doch warte nur ein Weilchen!
Der Frühling kommt,
der Himmel lacht,
Es steht die Welt in Veilchen.

Die blauen Tage brechen an,
Und ehe sie verfließen,
Wir wollen sie, mein wackrer Freund,
Genießen, ja genießen!

Theodor Storm

OKTOBERLIED

FÜR 6 PERSONEN

RAHMSPINAT
750 g frischer Blattspinat
40 g Butter
3 fein geschnittene Schalotten
1 geschälte Knoblauchzehe
4 EL geschlagene Sahne
etwas Meersalz, frisch gemahlener weißer Pfeffer, Muskat

CHAMPAGNERKUTTELN
250 g frisch gekochte schneeweiße Kutteln
30 g Butter
2 fein geschnittene Schalotten
40 ml Noilly Prat
60 ml Champagner
80 ml Champagnersauce (siehe Rezept Seite 340)
etwas Zitronensaft, Meersalz, weißer Pfeffer, Piment

JAKOBSMUSCHELN
12 ausgelöste Jakobsmuscheln

ANRICHTEN
120 g Imperial-Kaviar
1 Estragonzweig

RAHMSPINAT MIT CHAMPAGNER-
KUTTELN, JAKOBSMUSCHELN
UND IMPERIAL-KAVIAR

RAHMSPINAT

Den Blattspinat von den Stielen befreien, waschen und trocken schleudern. Die Butter aufschäumen, die Schalotten darin glasig dünsten, die Knoblauchzehe kurz mitschwenken und wieder herausnehmen. Jetzt die Spinatblätter dazugeben, nur ganz kurz anschwitzen, sofort die Sahne untermischen und leicht würzen. Nur ganz kurz kochen lassen, sonst wässert der Spinat und verliert sehr viel Eigengeschmack.

CHAMPAGNERKUTTELN

Die Kutteln in ganz feine Streifen schneiden. Die Butter in einem Topf aufschäumen, die Schalotten dazugeben und anschwitzen. Die Kutteln bei nicht zu starker Hitze mitschwitzen. Mit Noilly Prat ablöschen und ganz einkochen lassen. Jetzt den Champagner und einige Löffel Champagnersauce dazugeben und 2 bis 3 Minuten köcheln lassen. Mit etwas Zitronensaft, Meersalz, weißem Pfeffer und einem Hauch Piment abschmecken.

JAKOBSMUSCHELN

Die Jakobsmuscheln in Scheibchen schneiden und Zimmertemperatur annehmen lassen.

ANRICHTEN

Den Rahmspinat und die Champagnerkutteln miteinander vermengen, nochmals dezent abschmecken und heiß sehr zügig in einen Ring schichten. Die Jakobsmuscheln darauflegen und für 1 bis 2 Minuten in den auf 120 °C vorgeheizten Backofen stellen.
Mit einer Palette das Törtchen auf den Teller setzen und den Ring abziehen. Mit Champagnersauce übergießen, wenig Meersalz und frisch gemahlenen weißen Pfeffer darübergeben und mit dem Imperial-Kaviar und einem kleinen Estragonzweig garnieren.

RAHMSPINAT MIT CHAMPAGNERKUTTELN, JAKOBSMUSCHELN UND IMPERIAL-KAVIAR

FÜR 6 PERSONEN

REBHUHNBRUST MIT KALBHERZBRIES
6 Rebhuhnbrüste
150 g gewässertes, blanchiertes Kalbsherzbries
100 g Geflügelfarce
1 Kastenweißbrot
geklärte Butter zum Braten

GRÜNKOHL À LA CRÈME
1 kg Grünkohl
4 Schalotten
2 kleine Boskop-Äpfel
10 Champignons
40 g Butter
150 ml Sahne
Meersalz, frisch gemahlener weißer Pfeffer, frisch gemahlener oder gemörserter Koriander

HAGEBUTTENKOMPOTT
250 g frische Hagebutten
60 ml Hagebuttentee
1 EL Hagebuttenkonfitüre
etwas Butter, rosa Pfeffer, Grenadine, Meersalz, Zucker, Tabasco

REBHUHNBRUST MIT KALBSHERZBRIES IM BROTMANTEL AUF GRÜNKOHL À LA CRÈME UND HAGEBUTTENKOMPOTT

REBHUHNBRUST MIT KALBHERZBRIES

Die Rebhuhnbrüste von Sehnen und Haut befreien, mit einem scharfen Messer eine kleine Tasche einschneiden und das Kalbsherzbries hineinlegen. Die gefüllte Rebhuhnbrust mit der Geflügelfarce einstreichen und in ganz dünn geschnittene Kastenweißbrotscheiben einwickeln. Bei nicht zu starker Hitze vorsichtig von allen Seiten in geklärter Butter goldbraun braten und an einem warmen Ort ca. 5 bis 10 Minuten ruhen lassen.

GRÜNKOHL À LA CRÈME

Den Grünkohl von Strunk und Stielen befreien, in kleine Blättchen schneiden und in Salzwasser mindestens 1 Minute köcheln lassen. Sofort abgießen und in Eiswasser abschrecken. Gut abtropfen lassen.
Die Schalotten, Boskop-Äpfel und Champignons klein schneiden und in Butter anschwitzen. Den blanchierten Grünkohl dazugeben, ca. 5 Minuten mitschwitzen und die Sahne angießen. 10 bis 15 Minuten köcheln lassen, vorsichtig würzen und mit dem Stabmixer leicht anmixen, so dass eine leicht cremige Konsistenz entsteht. Mit Meersalz, etwas gemahlenem weißem Pfeffer und Koriander abschmecken.

HAGEBUTTENKOMPOTT

Die Hagebutten halbieren und alle Körner ausschaben. Die Haut abziehen oder das Fruchtfleisch herausschaben. Hagebuttenfleisch in ganz wenig Butter kurz anschwitzen, mit Hagebuttentee und einigen Tropfen Grenadine ablöschen, dann die Hagebuttenkonfitüre dazugeben. Alles nochmals kurz erhitzen und sehr dezent abschmecken. Das Kompott soll weder süß noch sauer noch scharf sein, sondern nach Hagebutte schmecken.

ANRICHTEN

Den sämigen Grünkohl auf einen Teller geben und die nicht zu dünn aufgeschnittene Rebhuhnbrust darauflegen. Mit Hagebuttenkompott garnieren.

REBHUHNBRUST MIT KALBSHERZBRIES IM BROTMANTEL AUF GRÜNKOHL À LA CRÈME UND HAGEBUTTENKOMPOTT

KARAMELLISIERTE QUITTE MIT BRATBRIOCHE, DREIERLEI KOMPOTT UND SCHWARZBIEREIS

FÜR 6 BIS 8 PERSONEN

SCHWARZBIEREIS
120 ml Sahne, 30 ml Milch, 100 ml Schwarzbier, 3 Eigelb, 35 g Zucker
1 kleine Prise Salz

BRATBRIOCHE
250 g Mehl
3 Eier
50 ml Milch
25 g frische Hefe
20 g Zucker
8 g Salz
125 g kleine Butterstückchen
etwas Eigelb

QUITTE
6 Quitten
1 l Wasser
200 g Zucker
2 EL Honig
1 Vanilleschote , 1/2 Zimtstange
1 EL Korianderkörner
5 Kardamomkapseln
Schale 1/2 Zitrone

KARAMELL
100 g Zucker, 1 TL Zitronensaft
40 ml Sahne, 50 ml Schwarzbier
Koriander, Kardamom, schwarzer und grüner Pfeffer, Zimt, Muskat, Nelke
etwas geklärte Butter

KARAMELLISIERTE QUITTE MIT BRATBRIOCHE UND SCHWARZBIEREIS

SCHWARZBIEREIS
Milch, Sahne und Schwarzbier bis zum Siedepunkt erhitzen, aber nicht kochen lassen. Eigelb, Salz und Zucker kräftig mit dem Handrührgerät aufschlagen und zu der Milch-Sahne-Schwarzbiermischung geben. Bei schwacher Hitze unter ständigem Rühren bis zur Rose abziehen und sofort durch ein feines Sieb gießen. Die Creme auskühlen lassen und in der Eismaschine frieren.

BRATBRIOCHE
Das Mehl in eine Schüssel sieben, in die Mitte eine kleine Mulde drücken, die frische Hefe hinein bröseln und mit warmer Milch anrühren. 10 Minuten stehen lassen. Alle Zutaten bis auf die Butter dazugeben und mindestens 5 Minuten mit dem Knethaken kneten. Die kleinen, kalten Butterstückchen nach und nach einrühren und den Teig zu einer schönen glatten Masse verkneten. Den Teig zudecken und im Kühlschrank ca. 2 Stunden gehen lassen. Eine Kastenform ausbuttern und mit Mehl ausstreuen. Den Teig schnell zu einem kleinen Laib formen und in der Kastenform auf das dreifache Volumen aufgehen lassen. Den Teig dann mit Milch und Eigelb bepinseln und im auf 190 °C vorgeheizten Backofen ca. 15 bis 20 Minuten backen.

QUITTE
6 geschälte Quitten in einem schwachen Sud aus Wasser, Zucker, Honig, Vanille, Zimt, Koriander, Kardamom und Zitronenschale weich dünsten und mindestens eine Nacht ziehen lassen.

KARAMELL
Den Zucker vorsichtig karamellisieren, mit dem Zitronensaft, der Sahne und dem Schwarzbier ablöschen und auf die Hälfte einkochen lassen. Mit gemahlenem getrocknetem Koriander, Kardamom, wenig schwarzem und grünem Pfeffer, etwas Zimt, Muskat und Nelke abschmecken. Die pochierten Quitte trocken tupfen und in gleichmäßige Spalten schneiden. Die Spalten in geklärter Butter leicht anbraten, mit dem Gewürzkaramell ablöschen und so lange bei milder Hitze mit Karamell übergießen, bis die Quitten schön glasiert sind.

ANRICHTEN
Die Brioche in 1 cm dicke Scheiben schneiden und in frischer Butter mit etwas Puderzucker kurz von beiden Seiten goldgelb und knusprig braten. Die Quittenspalten mit den Briochescheiben schichtförmig anrichten. Dazu verschiedene Kompotte reichen. Geeignet sind Feigen, Stachelbeeren, Quitten, Pflaumen, Kürbis, Weintrauben. Wichtig ist, dass die Kompotte nicht zu süß sind und einen dezenten Eigengeschmack haben. Jede Portion mit Schwarzbiereis garnieren.

KARAMELLISIERTE QUITTE MIT BRATBRIOCHE UND SCHWARZBIEREIS

Diese warm-kalte Vorspeisen-Variation soll nur eine Anregung für weitere Kombinationen sein. Das Geschirr spielt für den Genuss eine wesentliche Rolle. Es gibt Gerichte, die von der Proportion leben. Eine Blumenkohlmousse mit Felchentatar und Felchenkaviar im »Straußenei« zu servieren hat keinen Sinn – das ist zu viel Mousse und schmeckt nach dem vierten Löffel »langweilig«. Ein Süppchen aus einem Mokkatässchen lässt sich wunderbar ohne Löffel schlürfen, und scharfe Süppchen wirken auf diese Weise schlank und pikant. Die Kombination sollte immer so aufgebaut sein, dass man eine geschmackliche Steigerung erfährt und zuerst die warmen Gerichte gegessen werden.

IN DER MOKKATASSE
Kopfsalatcremesüppchen

IM PORZELLANTROPFEN
Croustillant von der Königskrabbe

AUF DEM TELLER
Knusper-Jacobsmuschel auf Avocado und Apfel mit Arganöl

IM EI
Felchentatar mit Blumenkohlcreme und Felchenkaviar

IM TIEFEN TELLERCHEN
Tatar vom Hering auf Stampfkartoffeln mit Kopfsalat-Vinaigrette

IN DER GLASSCHALE
Sylter Wiesenkräuter mit Rapsöl-Vinaigrette

IM TÖPFCHEN
Gänsestopfleberterrine mit Birnen-Koriander-Kompott

KINGS KOCHINSPIRATIONEN: VORSPEISEN-VARIATION

FASANENBRUST AUF CHAMPAGNER-RAHMKRAUT MIT WEINTRAUBEN, SPECK, CROUTONS UND PREISELBEEREN

FÜR 6 PERSONEN

CHAMPAGNER-RAHMKRAUT
500 g Weißkraut
40 ml Champagneressig
1 Gemüsezwiebel
Butter zum Braten
200 ml Weißwein (am besten halbtrockenen Silvaner)
1 Prise Backpulver
Nelke, Piment, Salz, Pfeffer, Zucker
1 EL Crème fraîche
etwas Zitronensaft
5 große Blätter frische Minze
etwas geschlagene Sahne
80 ml Champagner

KARTOFFELPÜREE
200 g geschälte Kartoffeln
etwas Milch und Sahne
einige kalte Butterflocken
Meersalz, weißer Pfeffer und Muskat

FASANENBRUST
6 Fasanenbrüste
80 g Butter
2 Thymianzweige
1 EL fein gehackte Petersilie
100 g eingemachte Preiselbeeren

FASANENBRUST AUF CHAMPAGNER-RAHMKRAUT MIT WEINTRAUBEN, SPECK, CROUTONS UND PREISELBEEREN

SAUCE

ca. 800 g Fasanenknochen

40 g Butter

40 ml Sonnenblumenöl

50 g Karotten

60 g Gemüsezwiebel

60 g Sellerie

60 g Champignons

60 ml Cognac

40 ml Cream Sherry

60 ml Madeira

2 l Geflügelfond

Pfefferkörner, Korianderkörner, Senfsaatkörner, Lorbeer, Piment, Thymian, Rosmarin, Wacholder

300 ml Sahne

ANRICHTEN

100 g abgezogene, entkernte Weintrauben

60 g krosse Speckstreifen

60 g ganz frische, knusprig gebackene Brotcroutons

FASANENBRUST AUF
CHAMPAGNER-RAHMKRAUT
MIT WEINTRAUBEN, SPECK,
CROUTONS UND PREISELBEEREN

CHAMPAGNER-RAHMKRAUT

Das Weißkraut in feine Streifen schneiden, mit Salz, Zucker und Champagneressig über Nacht marinieren. Die Gemüsezwiebel in feine Streifen schneiden und in Butter anschwitzen, ohne dass sie Farbe annimmt. Das marinierte Weißkraut dazugeben und weiter anschwitzen. Mit Weißwein ablöschen, die Gewürze beifügen und alles im zugedeckten Topf ca. 1 Stunde garen. Die Crème fraîche dazugeben und nochmals 10 Minuten köcheln lassen. Mit einigen Tropfen Zitronensaft und Champagneressig sowie etwas Zucker, Pfeffer und Salz abschmecken. À la minute die fein gehackte frische Minze, etwas geschlagene Sahne und den Champagner dazugeben.

KARTOFFELPÜREE

Die Kartoffeln in möglichst wenig Salzwasser weich kochen, so dass kein Wasser abgegossen werden muss, sondern das restliche Kartoffelwasser mitverwendet werden kann.
Die weichen Kartoffeln stampfen, etwas heiße Milch, Sahne und einige kalte Butterflocken dazugeben und das Püree geschmeidig rühren. Ganz leicht mit Meersalz, weißem Pfeffer und einem Hauch Muskat würzen. Das Püree soll eine cremige Konsistenz aufweisen.

FASANENBRUST

Die Fasanenbrüste von allen Seiten leicht salzen und pfeffern. In einer Pfanne mit aufgeschäumter Butter bei milder Hitze zuerst von der Hautseite leicht anbraten. Die Thymianzweige dazugeben, die Fasanenbrüste mehrfach wenden und bei milder Hitze ca. 5 Minuten braten. Dann locker in Alufolie wickeln und an einem warmen Ort 10 Minuten ruhen lassen.

FASANENBRUST AUF
CHAMPAGNER-RAHMKRAUT
MIT WEINTRAUBEN, SPECK,
CROUTONS UND PREISELBEEREN

SAUCE

Alle Knochen vom Fasan klein hacken (wir verwenden auch die Keulen für die Sauce mit) und in frischer Butter und etwas neutralem Sonnenblumenöl langsam anrösten. Karotten, Gemüsezwiebel, Sellerie und Champignons zu gleichen Teilen (Karotte etwas weniger) dazugeben und alles kräftig anschwitzen. Wenn sich am Boden des Topfes eine braune Röstschicht abzeichnet, mit etwas Cognac, Cream Sherry und Madeira ablöschen. Mit einem sehr kräftigen Geflügelfond angießen (nicht bis alle Knochen bedeckt sind) und ca. 40 Minuten köcheln lassen. Gewürze wie Pfefferkörner, Korianderkörner, Senfsaatkörner, Lorbeer, Piment, Thymian, Rosmarin und vor allem Wacholder (höchstens 2 Beeren) sparsam verwenden. Etwas Sahne dazugeben und alles nochmals 10 bis 15 Minuten köcheln lassen. Abseihen, dabei die Knochen kräftig ausdrücken. Die Sauce auf die gewünschte Konsistenz einkochen lassen und nochmals dezent abschmecken.

ANRICHTEN

Eine dünne Schicht Kartoffelpüree auf den Teller geben, darauf das Champagner-Rahmkraut und die aufgeschnittene Fasanenbrust drapieren. Das Fleisch nochmals leicht salzen und pfeffern, mit der kurz aufgeschäumten Sauce übergießen und sofort die Weintrauben und den Speck darübergeben. Die Croutons nur ganz kurz in einer Pfanne erwärmen und über die Sauce geben. Zum Schluss die Petersilie und einige Preiselbeeren untermischen. Die restlichen Preiselbeeren im Schälchen dazureichen.

TIPP

Fasanenfleisch ist sehr hitzeempfindlich und darf deshalb nicht zu scharf angebraten werden. Locker in Alufolie einwickeln bedeutet: Ein Stück Alufolie etwas knittern, darauf die Fasanenbrüste setzen und mit Alufolie abdecken. Wenn Sie die Fasanenbrüste ganz in Alufolie einschlagen, entwickelt sich ein Hitzestau und das Fleisch zieht zu schnell durch.
Achten Sie bei der Sauce darauf, mindestens 70 Prozent Fasanenknochen und höchstens 30 Prozent Gemüse zu verwenden. Aus den Knochen von zwei Fasanen erhalten Sie maximal 250 ml Sauce.

FASANENBRUST AUF
CHAMPAGNER-RAHMKRAUT
MIT WEINTRAUBEN, SPECK,
CROUTONS UND PREISELBEEREN

GRIESSNOCKEN MIT GEBRATENEM KÜRBIS UND SALBEIJUS

FÜR 6 PERSONEN

GEBRATENER KÜRBIS
500 g Muskatkürbis
50 g geklärte Butter
weißer Pfeffer, 1 Sternanis, 1/2 Knoblauchzehe, gemahlener Koriander, Zucker, Meersalz, frisch gemahlener weißer Pfeffer, etwas weißer Balsamicoessig

SALBEIJUS
30 g Butter
20 ml Olivenöl
20 Salbeiblätter
80 ml Geflügelfond
1 TL weißer Balsamicoessig
Meersalz, schwarzer Pfeffer

GRIESSNOCKEN
100 g Butter
2 Volleier
etwas Mehl
200 g Hartweizengrieß
Meersalz, weißer Pfeffer, Muskat
Butter zum Braten
Kürbiskerne zum Garnieren

GRIESSNOCKEN MIT GEBRATENEM KÜRBIS UND SALBEIJUS

GEBRATENER KÜRBIS

Den Muskatkürbis schälen und in ca. 2 cm dicke Spalten schneiden. Die Butter in die Pfanne geben und die Kürbisstücke bei milder Hitze langsam von beiden Seiten anbraten. Knoblauch und Sternanis dazugeben und weiterbraten, so dass einige Röststoffe entstehen. Der Muskatkürbis darf aber nicht zu weich werden, sondern soll noch einen kleinen Biss haben. Mit etwas Meersalz, einer Prise Zucker, gemahlenem Koriander, weißem Pfeffer und einigen Spritzern weißem Balsamico würzen. Die Kürbisstücke sofort auf die vorbereiteten Teller legen.

SALBEIJUS

Die Butter und das Olivenöl in die Bratpfanne vom Kürbis geben und heiß werden lassen. Die Salbeiblätter vorsichtig darin braten, dabei mehrfach wenden. Sie dürfen nicht zu dunkel werden, sonst schmecken sie bitter.

Die Salbeiblätter aus der Pfanne nehmen und mit Küchenpapier abtupfen. Den »Bratensaft« mit Geflügelfond ablöschen und sofort durch ein Sieb gießen. Mit dem Mixstab kurz mixen und mit einigen Spritzern weißem Balsamicoessig sowie etwas Meersalz und schwarzem Pfeffer abschmecken. Den Fond über den gebratenen Kürbis geben.

GRIESSNOCKEN

Die Butter kräftig schaumig rühren, dann das erste Vollei einrühren und die Masse wieder glatt rühren. Eine kleine Prise Mehl darüberstäuben, das zweite Vollei dazugeben und wieder glatt rühren. Eine weitere kleine Prise Mehl darüberstäuben und den Hartweizengrieß dazugeben. Glatt rühren, mit etwas Meersalz, weißem Pfeffer und frisch gemahlenem Muskat abschmecken. Etwa 10 Minuten kühl stellen.

Mit zwei Suppenlöffeln kleine Nocken abstechen und in kochendes Salzwasser geben. Abdecken und bei schwacher Hitze 3 bis 4 Minuten ziehen (nicht kochen) lassen. Eine halbe Tasse kaltes Wasser dazugeben, wieder auf die Kochstelle stellen, kurz aufkochen lassen, abdecken und erneut bei schwacher Hitze 3 bis 4 Minuten ziehen lassen. Diesen Vorgang noch einmal wiederholen. Dann die Grießklößchen vorsichtig aus dem Salzwasser nehmen und trocken tupfen. In einer beschichteten Pfanne mit etwas frischer Butter von allen Seiten kurz wenden.

ANRICHTEN

Die Grießnocken auf die vorbereiteten Kürbis-Teller legen, die Salbeiblätter darübergeben und mit einigen frisch gerösteten Kürbiskernen bestreuen.

GRIESSNOCKEN MIT GEBRATENEM KÜRBIS UND SALBEIJUS

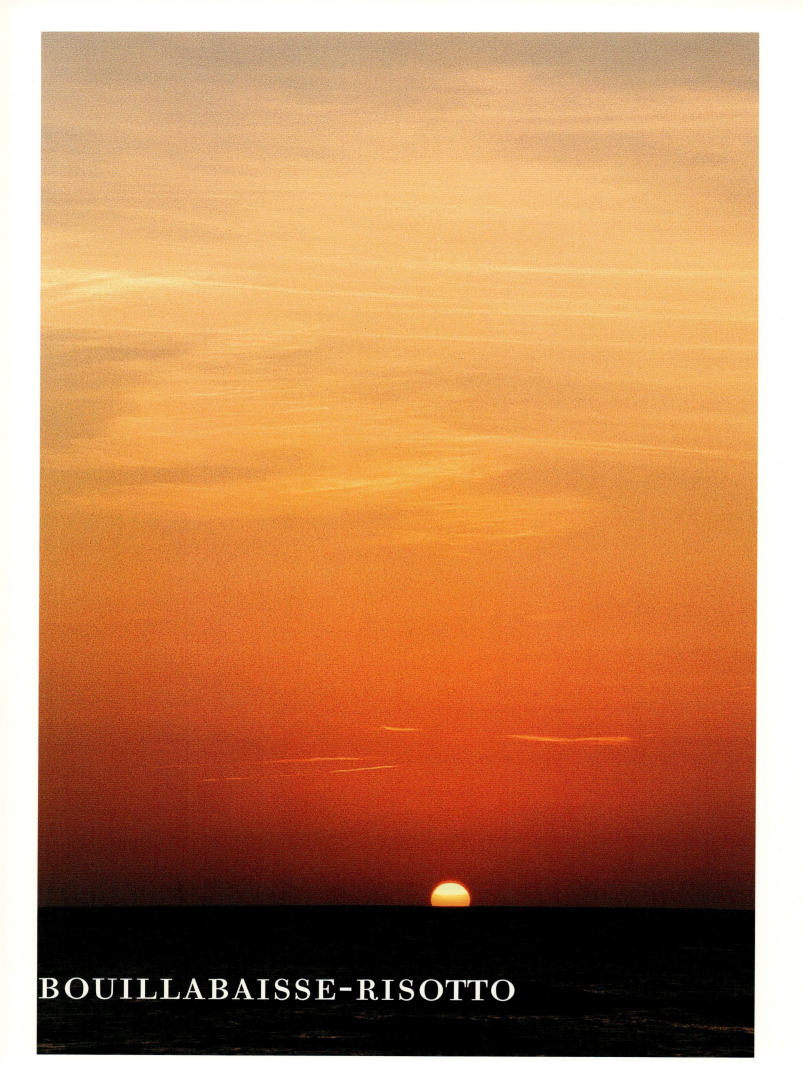

FÜR 6 PERSONEN

GEMÜSE

80 g Fenchel
80 g Staudensellerie
60 g Karotten
2 Schalotten
60 ml Olivenöl
60 ml Noilly Prat
6 Tomaten

TAPENADE

150 g entsteinte schwarze Oliven
1 EL Kapern
1 EL Sardellen
80 ml Olivenöl
1 TL Honig
1/2 Knoblauchzehe
1 EL Sherry
2 EL Balsamicoessig
etwas Rosmarin und Thymian
Salz, Pfeffer

FISCHSUPPE

100 g Champignons
4 geschälte Schalotten
80 g Fenchel
80 g Staudensellerie
6 EL Olivenöl
50 ml Noilly Prat
50 ml Pernod

BOUILLABAISSE-RISOTTO

1 Knoblauchzehe
1,5 kg zerteilte Fischkarkassen (Steinbutt, Seezunge, Dorade, Drachenkopf usw.)
1 Lorbeerblatt
3–4 kleine Stückchen Orangenschale (ohne weiße Haut)
2 Knoblauchzehen
20 Pfefferkörner
1 EL Korianderkörner
je 2 Zweige Estragon, Thymian und Rosmarin
etwas Fenchelkraut
30 Safranfäden

RISOTTO
4 Schalotten
60 ml Olivenöl
250 g Arborio-Reis
80 ml Noilly Prat
60 ml trockener Weißwein
200–300 ml Geflügel- oder Gemüsebrühe
etwas grobes Meersalz und weißer Pfeffer
1 TL Limonensaft
40 g frisch geriebener alter Parmesan
20 g eiskalte Butterflocken

MEERESFRÜCHTE
150 g Pulpo, gekocht
150 g Calamaretti, in Ringe geschnitten
200 g Gambas
30 ml Olivenöl
etwas Knoblauch, Chili, wenig Meersalz, etwas frisch gemahlener Pfeffer

GEMÜSE

Das Gemüse in Würfel schneiden. Die fein geschnittenen Schalotten in Olivenöl anschwitzen, die Gemüsewürfel dazugeben und alles zusammen kräftig anschwitzen. Mit Noilly Prat ablöschen, sofort abdecken und bei geringer Hitze ca. 30 Minuten ziehen lassen. Das Gemüse soll eine kompottartige Konsistenz haben. Die Tomaten überbrühen, häuten, entkernen, in Würfel schneiden und beiseitestellen.

TAPENADE

Oliven, Kapern und Sardellen fein hacken. Mit Olivenöl, Honig, Knoblauch, Sherry und Balsamicoessig vermengen und mit einem Mixstab grob pürieren. Etwas fein gehackten Rosmarin und Thymian dazugeben und alles nochmals gut abschmecken.

FISCHSUPPE

Gemüse waschen, klein schneiden und in einem großen Topf in Olivenöl anschwitzen. Mit Noilly Prat und Pernod ablöschen. Dann die Fischkarkassen dazugeben und mit eiskaltem Wasser (maximal 2 Liter) so weit aufgießen, dass die Fischkarkassen gerade bedeckt sind. Nun alles langsam zum Köcheln bringen und den weißen Schaum an der Oberfläche stetig abschöpfen. Die Gewürze und Kräuter dazugeben und ca. 40 Minuten köcheln lassen.
Alles vorsichtig durch ein Sieb drücken und nochmals ca. 20 Minuten leicht einkochen lassen. Jetzt den Sud einmal mit dem Stabmixer anmixen und abschmecken.

RISOTTO

Schalotten schälen und in feine Würfel schneiden. In Olivenöl glasig dünsten, Risottoreis dazugeben, kurz mitdünsten, dann mit Noilly Prat und Weißwein ablöschen. Köcheln lassen, bis die Flüssigkeit verkocht ist, dann mit Geflügelbrühe aufgießen. Bei schwacher Hitze ziehen lassen, dabei immer wieder umrühren. Mit Meersalz, frisch gemahlenem weißem Pfeffer und Limonensaft vorsichtig abschmecken.
Kurz vor dem Servieren die eiskalten Butterflocken und den Parmesan einrühren. Nochmals vorsichtig abschmecken.

BOUILLABAISSE-RISOTTO

MEERESFRÜCHTE

Alle Zutaten in einer Pfanne in heißem Olivenöl kurz sautieren und mit den Gewürzen abschmecken.

ANRICHTEN

Risotto in einen tiefen Teller geben. Die geschmorten Gemüse, dann die sautierten Meeresfrüchte daraufgeben und alles mit der kurz aufgemixten Sauce nappieren. Mit etwas Tapenade und frisch gezupftem Fenchel garnieren.

TIPP

Dieses Gericht ist sehr variantenreich. Sie können auch Muscheln, Meeresschnecken, kleine Fischstücke usw. dazugeben.
Achten Sie darauf, dass nicht alles gleich stark gewürzt ist. Das Gericht lebt von den Kontrasten – der Risotto cremig und mild, die Gemüse mediterran, die Sauce mit kräftigem Bouillabaisse-Geschmack und die Krustentiere feinherb mit süßlichem Aroma.

FÜR 6 PERSONEN

MAISHUHN

1 Maishuhn (vom Bauern oder Bio-Maishuhn) à ca. 1,2 kg

je ein Zweig Thymian, Rosmarin, Salbei, etwas Meersalz und frisch gemahlener weißer Pfeffer

50 ml Sonnenblumenöl

5 Schalotten

40 g Butter

300 ml Geflügelfond (ungesalzen)

Küchengarn

KORIANDER-WIRSING

1 kleiner Kopf Wirsing

2 Schalotten

1 kleiner Apfel (Boskop)

6 frische Champignons

40 g Butter

150 ml Sahne

Meersalz, frisch gemahlener weißer Pfeffer, frisch gemahlener Koriander

PERLZWIEBELN

30 Perlzwiebeln

250 ml Geflügelfond

1 Zweig Rosmarin

1 Prise Zucker

etwas Butter, Sonnenblumenöl, Meersalz, weißer Pfeffer

BAUERN-MAISHUHN AUF KORIANDER-WIRSING À LA CRÈME

MAISHUHN

Das Maishuhn waschen, trocken tupfen, von innen leicht würzen und die Kräuter hineingeben. Die Schenkel mit Küchengarn zusammenbinden – so behält das Huhn eine schöne Form und die Brust ist optimal geschützt.
Das Öl in einen Bräter geben und leicht erhitzen. Das Maishuhn, die halbierten Schalotten sowie die frische Butter dazugeben. Wenn die Butter zu bräunen beginnt, zwei Drittel des Geflügelfonds über das Maishuhn gießen und bei 170 °C Umluft für ca. 40 Minuten in den vorgeheizten Backofen schieben. Nach etwa 25 Minuten den restlichen Geflügelfond über das Huhn gießen.
Das Huhn herausnehmen, den Bratensaft abgießen (evtl. nochmals etwas Geflügelfond angießen) und einmal kurz mixen. Den Bratensaft nicht andicken, nur etwas einkochen lassen und vorsichtig würzen.

KORIANDER-WIRSING

Den Wirsing von Strunk und Stielen befreien, in Streifen schneiden und in Salzwasser 1 Minute blanchieren. Sofort in Eiswasser abschrecken.
Schalotten, Apfel und Champignons kleinschneiden und in Butter anschwitzen. Dann den blanchierten Wirsing und die Sahne dazugeben. Das Ganze 6 bis 8 Minuten köcheln lassen, vorsichtig würzen und mit dem Stabmixer leicht anmixen, so dass eine musige Konsistenz entsteht. Mit den Gewürzen abschmecken.

PERLZWIEBELN

Die geschälten Perlzwiebeln mit etwas Butter und Sonnenblumenöl anschwitzen. Mit Geflügelfond ablöschen, den Rosmarinzweig dazugeben und weich kochen. Mit Zucker, ganz wenig Salz und frisch gemahlenem Pfeffer würzen.

BAUERN-MAISHUHN AUF KORIANDER-WIRSING À LA CRÈME

ANRICHTEN

Den Wirsing auf den Teller geben. Die Maishuhnbrust auslösen, die Keulen nochmals für 5 Minuten in den Ofen geben und als Nachschlag servieren. Die Brust in Scheiben schneiden und auf den Wirsing legen. Mit etwas frisch gemahlenem oder gemörsertem Koriander bestreuen. Dann die geschmorten Perlzwiebeln dazugeben und mit dem Bratensaft umgießen.

TIPP

Seien Sie kritisch beim Einkauf und wählen Sie ein wirklich frisches, einwandfrei trockenes, wohl riechendes Maishuhn – es kostet zwar etwas mehr, aber es lohnt sich.
Der Geflügelfond sollte ungewürzt sein, da er sonst beim Einkochen zu salzig wird.
Wichtig ist, dass die Ofentemperatur nicht zu hoch ist. Lieber sollte das Geflügel 5 Minuten länger im Backofen bleiben. Zu viel Hitze lässt das Fleisch trocken und die Haut ledrig werden.
Bitte verwechseln Sie nicht frischen Koriander mit gemahlenem, getrocknetem Koriander. Gemahlene Korianderkörner haben einen sehr feinen, süßlich-pfeffrigen Duft, frische Korianderblätter sind scharf und haben einen liebstöckelähnlichen, sehr starken Geschmack, der überhaupt nicht zum Wirsing passt.
Als Knabberei reiche ich zu dem Gericht je eine kross gebratene, hauchdünne Speckscheibe.

BAUERN-MAISHUHN AUF KORIANDER-WIRSING À LA CRÈME

APFEL-SELLERIE-FEUILLETÉ MIT GEBRATENER GÄNSESTOPFLEBER, DÖRRFRÜCHTEN UND PINIENKERN-VINAIGRETTE

FÜR 6 PERSONEN

APFEL-SELLERIE-FEUILLETÉ UND DÖRRFRÜCHTE
2 Äpfel (Jonathan, Boskop oder Granny Smith)
1 Sellerieknolle
4 Dörrpflaumen
1/2 Tasse Schwarztee
20 ml Portwein
4 Dörraprikosen
1/2 Tasse Ingwertee
etwas frisch geriebener Ingwer
etwas gemahlener Koriander

PINIENKERN-VINAIGRETTE
100 ml Pinienkernöl
20 ml alter Sherryessig
10 ml Balsamicoessig
40 ml Geflügelfond
20 ml Geflügeljus
Meersalz, schwarzer Pfeffer, etwas Rosmarin

GEBRATENE GÄNSESTOPFLEBER
Butter zum Braten
6 Scheiben Gänsestopfleber à ca. 80 g
1 EL Mehl
Meersalz, schwarzer Pfeffer
50 g geröstete Pinienkerne
1 EL Pinienhonig

APFEL-SELLERIE-FEUILLETÉ MIT GEBRATENER GÄNSESTOPFLEBER, DÖRRFRÜCHTEN UND PINIENKERN-VINAIGRETTE

APFEL-SELLERIE-FEUILLETÉ UND DÖRRFRÜCHTE

Die Äpfel schälen, von den Kerngehäusen befreien und in 12 ca. 1 cm dicke Scheiben schneiden. Den Sellerie ebenfalls schälen, in gleich dicke Scheiben schneiden und in der Größe der Apfelscheiben ausstechen. Die Selleriescheiben so lange in Salzwasser blanchieren, bis sie ganz weich sind. Sofort kalt abschrecken und trocken tupfen. Die Dörrpflaumen in dem heißen Schwarztee ca. 3 Stunden ziehen lassen, dann den Portwein dazugeben und mit schwarzem Pfeffer würzen. Die Pflaumen in schmale Spalten schneiden. Die Dörraprikosen in dem heißen Ingwertee etwa 3 Stunden ziehen lassen, etwas frisch geriebenen Ingwer dazugeben und mit etwas gemahlenem Koriander würzen. Die Aprikosen in schmale Spalten schneiden. In einer beschichteten Pfanne mit wenig geklärter Butter erst die Selleriescheiben, dann die Apfelscheiben von beiden Seiten goldbraun braten. Je eine Apfelscheibe auf jede Selleriescheibe legen.

PINIENKERN-VINAIGRETTE

Für die Vinaigrette alle Zutaten außer dem Pinienkernöl vermischen, würzen und mit dem Stabmixer vermengen. Jetzt das Pinienkernöl dazugeben und alles nochmals abschmecken.

GEBRATENE GÄNSESTOPFLEBER

Die Gänsestopfleber mit Mehl bestäuben und bei mittlerer Hitze von beiden Seiten etwa eine Minute braten. Mit Meersalz und etwas schwarzem Pfeffer aus der Mühle würzen.

ANRICHTEN

Die Gänseleber auf die Apfel- und Selleriescheiben schichten und zusammen mit den Aprikosen- und Pflaumenstückchen auf den Teller geben. Mit Vinaigrette umgießen, die gerösteten Pinienkerne dazugeben, evtl. mit Wildkräutern dekorieren. Etwas Pinienhonig darüberträufeln.

TIPP

Achten Sie beim Kauf der Gänsestopfleber stets darauf, dass diese zum Braten geeignet ist. Vielfach wird Ware angeboten, die sich für Gänsestopflebercreme oder -terrine, aber nicht zum Braten eignet. Sie können dieses Gericht auch mit Entenstopfleber zubereiten.

APFEL-SELLERIE-FEUILLETÉ MIT GEBRATENER GÄNSESTOPFLEBER, DÖRRFRÜCHTEN UND PINIENKERN-VINAIGRETTE

MÖWEN UND MEER

FÜR 6 BIS PERSONEN

VANILLECREME
125 ml Milch
125 ml Sahne
1 frische Vanilleschote
3 Eigelb
75 g brauner Rohrzucker
10 g Speisestärke
15 g Vanillecremepulver

PFLAUMENMOUSSE
Pflaumen nach Belieben

PFLAUMENKOMPOTT
Pflaumen nach Belieben
etwas Puderzucker

KNUSPERBLÄTTER
Strudelblätter nach Belieben
etwas Butter
etwas Puderzucker

SAHNE-KARAMELL
150 g Zucker
1 TL Zitronensaft
80 ml Sahne

ANRICHTEN
1 EL geschlagene Sahne
Puderzucker zum Bestäuben

FRIESENSCHNITTCHEN À LA KING

VANILLECREME

Die Milch und Sahne mit der ausgekratzten Vanille und der Vanilleschote aufkochen und 5 Minuten bei schwacher Hitze ziehen lassen. Die Vanilleschote herausnehmen und ausdrücken.
Die Eigelb, den Rohrzucker, die Speisestärke und das Vanillecremepulver miteinander vermischen, glatt rühren und zu der heißen Vanille-Sahne-Milch geben. Bei schwacher Hitze durchkochen, dabei ständig rühren, da die Masse sehr schnell anbrennt. Die Creme in eine Schüssel füllen und unter Rühren abkühlen lassen. Die Creme dann abdecken und kühl stellen.

PFLAUMENMOUSSE

Pflaumen in einem hohen Topf ohne Zugabe von Zucker oder anderen Gewürzen einkochen lassen. Die Flüssigkeit nach und nach verdunsten lassen, dabei die Mousse immer wieder umrühren, da sie sehr schnell anbrennt. Kochen Sie die Pflaumenmasse ein, bis sie eine dickliche Konsistenz hat, und mixen Sie sie dann mit dem Stabmixer einmal durch. Abdecken und kalt stellen.

PFLAUMENKOMPOTT

Pflaumen entkernen, vierteln und in einer Pfanne mit wenig Puderzucker kurz anschwitzen. Abdecken und abkühlen lassen. Die Pflaumen sollen weich, aber nicht völlig ausgewässert sein.

KNUSPERBLÄTTER

Strudelblätter von einer Seite mit flüssiger Butter bestreichen, übereinanderlegen und fest andrücken. In der gewünschten Form ausstechen und in geklärter Butter von beiden Seiten knusprig frittieren. Abtupfen und mit Puderzucker bestreuen.

SAHNEKARAMELL

Den Zucker in einem Topf langsam schmelzen und erst umrühren, wenn fast der ganze Zucker geschmolzen ist. Den Zucker schön braun werden lassen, dann mit einigen Tropfen Zitronensaft ablöschen und die flüssige Sahne dazugeben. Die Karamellmasse aufkochen und glatt rühren. Auskühlen lassen. Der kalte Karamell sollte sehr zähfließend und dicklich sein.

ANRICHTEN

Auf jedes Knusperblatt etwas Pflaumenmousse und Pflaumenkompott geben. 100 g Vanillecreme mit 1 EL Sahnekaramell vermischen und 1 EL steif geschlagene Sahne vorsichtig unterheben. Je 1 EL davon auf das Pflaumenkompott geben. Nun nochmals eine Schicht – Knusperblatt, Pflaumenmousse, Pflaumenkompott, Karamellsahne – darübergeben und mit einem Knusperblatt vollenden. Mit Puderzucker bestäuben.

ERGIBT CA. 35 STÜCK

250 g Mehl

125 ml Milch

35 g Zucker

25 g frische Hefe

2 Volleier

40 g eingeweichte Rosinen

50 g gemahlene Haselnüsse

1 kleine Prise Salz

etwas geriebene Zitronenschale

250 g hauchdünn geschnittene Apfelspalten

10 ml Calvados

50 g geschlagene Sahne

geklärte Butter zum Ausbacken

Puderzucker oder Zimtzucker zum Bestreuen

Das Mehl in eine Schüssel sieben und eine Mulde in die Mitte drücken. Die frische Hefe mit der lauwarmen Milch und dem Zucker auflösen und in die Mehlmulde geben. Mit einer Gabel etwas Mehl einrühren, so dass eine dickliche Masse entsteht. Die Schüssel mit einem Tuch abdecken und an einem warmen Ort ca. 15 Minuten stehen lassen.

Das Vollei, die Rosinen, die Haselnüsse, das Salz und die Zitronenschale dazugeben und alles zu einem Teig vermengen.

Die feinen Apfelblättchen vorsichtig untermengen und den Teig eine Stunde ruhen lassen. Dann den Calvados und die geschlagene Sahne einrühren.

Mit einem Esslöffel kleine Nocken von dem Teig abstechen und in auf 170 °C erhitzter geklärter Butter goldbraun ausbacken.

Die Krapfen mit Küchenpapier leicht abtupfen und dann mit Puderzucker oder Zucker-Zimtmischung bestreuen.

TIPP

Die Krapfen nicht zu groß abstechen, die geklärte Butter nicht zu stark erhitzen, sonst werden sie innen nicht durchgebacken. Der Teig lässt sich zugedeckt im Kühlschrank einen Tag aufbewahren.

KNUSPRIGE APFELKRAPFEN

FÜR 6 PERSONEN

BIRNENBLÄTTER
3 große, feste Birnen (z. B. kräftige Kaiserkrone)
150 g Zucker
150 ml Wasser
1/2 Zitrone

BIRNENKOMPOTT
1 große, feste Birne (z. B. kräftige Kaiserkrone)
5 EL Birnensirup

BIRNENSORBET
3 große, feste Birnen (z. B. kräftige Kaiserkrone)
100 ml Birnensirup
120 ml Cidre de Poire

HONIG-VANILLE-CIDRE
50 ml Birnensirup
1/2 Vanilleschote
20 ml Williams-Likör
80 ml Cidre de Poir
20 g Honig

ANRICHTEN
einige Blätter Minze

GEEISTE KNUSPER-BIRNE

BIRNENBLÄTTER

Drei Birnen halbieren, die Kerngehäuse entfernen. (Die Birnen nicht schälen.) Die Birnen mit einem scharfen Messer oder mit der Aufschnittmaschine in hauchfeine Blättchen schneiden.
Den Zucker mit 150 ml Wasser und dem Saft der halben Zitrone aufkochen, die Birnenblättchen einlegen und 5 Minuten ziehen lassen.
Die Birnenblättchen vorsichtig herausnehmen (dabei den Birnensirup aufbewahren), auf ein mit beschichtetem Backpapier bedecktes Backblech legen und im Backofen mindestens 24 Std. bei höchstens 55 °C trocknen lassen. Die Scheiben noch warm vom Papier lösen.

BIRNENKOMPOTT

Aus den Abschnitten der drei Birnen und einer geschälten Birne ein Kompott herstellen. Dazu die Birne und die Abschnitte grob würfeln und mit dem Birnensirup in einem zugedeckten Topf bei schwacher Hitze ca. 1 Stunde weich schmoren, dann leicht anstampfen.

BIRNENSORBET

Drei Birnen mit Schale durch den Entsafter geben. 120 ml Birnen-Cidre und 100 ml Birnensirup dazugeben, mixen, passieren und in der Sorbetiere frieren.

HONIG-VANILLE-CIDRE

Den Birnensirup, die Vanilleschote, den Williams-Likör und den Birnen-Cidre vermischen und auf ein Drittel der Menge einkochen lassen. Dann denn Honig zugeben.

ANRICHTEN

Zum Servieren 1/2 EL Birnenkompott in die Tellermitte geben. Eine große Kugel Birnensorbet darauflegen. Pro Portion 16 getrocknete Birnenblätter gleichmäßig anstecken. Den Birnenstiel oben einstecken. Mit Honig-Vanille-Cidre umgießen und mit etwas Minze garnieren.

TIPP

Wichtig für die Birnenblätter ist, dass Sie eine kräftige, feste Birne verwenden. Lösen Sie die Blätter an einem warmen Ort vom Backpapier, damit die Blätter nicht zerbrechen. Es empfiehlt sich, die Blätter dann nochmals einige Stunden trocknen zu lassen. Die Birnenblätter sind an einem trockenen, warmen Ort 2 bis 3 Tage haltbar. Cidre de Poire gibt es in Spitzenqualität von Eric Bordelet. Er erzeugt sensationellen Jahrgangscidre aus Birnen und Äpfeln mit einer Perfektion, wie man sie sonst nur von absolut hochklassigen Weinen kennt.

FÜR 12 PERSONEN

EIER
12 hart gekochte Eier (10 Minuten Kochzeit)

SUD
500 ml Wasser
300 ml Weißwein
150 ml Weinessig
3 TL Meersalz
70 g Zucker
4 Schalotten
2 TL Senfsaat
2 Sternanis
2 TL weiße Pfefferkörner
2 Wacholderbeeren
1 EL ganzer Kümmel
5 Pimentkörner
2 Lorbeerblätter
4 Petersilienstängel

Wasser, Wein, Essig, Zucker und Salz aufkochen. Die eingestochenen Eier und die restlichen Zutaten zugeben und abkühlen lassen. Mindestens zwei Tage ziehen lassen.

ANRICHTEN
Die Eier schälen, nochmals für 10 bis 15 Minuten in den Sud legen, dann herausnehmen und halbieren. Ganz leicht mit Meersalz und frisch gemahlenem schwarzem Pfeffer bestreuen.

TIPP
Die Eier sollten nicht länger als 6 Tage im Sud bleiben.

SOLEIER

Eigentlich gibt es hierfür gar kein richtiges Rezept. Das Gelingen der Kartoffelbeignets hängt ganz alleine von der Qualität der Kartoffel ab. Hier also nur ein kleiner Leitfaden.

Geschälte und geviertelte Kartoffeln in ganz wenig gesalzenem Wasser mit einem kleinen Majoranzweig zugedeckt weich köcheln lassen. Wichtig ist dabei, dass Sie mehlige Kartoffeln verwenden und nach dem Garen so gut wie keine Restflüssigkeit bleibt. Die Kartoffeln mit einem Stampfer gut stampfen, ein paar kalte Butterflocken einrühren. Mit einem Schneebesen die Kartoffelmasse glatt rühren. Die Kartoffelmasse nicht in den Kühlschrank stellen, sondern immer bei Zimmertemperatur verarbeiten.
Drei Teile Kartoffelpüree und einen Teil Vollei mit dem Stabmixer zu einer homogenen Masse mixen. Die Masse soll nicht flüssig sein. Mit Salz und weißem Pfeffer dezent abschmecken.
Etwas geklärte Butter in eine beschichtete Pfanne geben, darauf einen halben Esslöffel von der Kartoffelmasse. Das Beignet etwa 1 Minute von einer Seite leicht anbraten und dann eine Minute in den auf 180 °C vorgeheizten Backofen schieben.
Einige hauchdünn geschnittene, mit Meersalz, weißem Pfeffer und etwas Limone leicht marinierte Scheibchen vom Felchenfilet locker auf einen warmen Teller geben. Mit leicht aufgemixter Champagnersauce (siehe Rezept Seite 340) übergießen, dann die Kartoffelbeignets mit der Bratseite nach oben daraufsetzen und mit einem kleinen Löffel Felchenkaviar und frischem Estragon garnieren.

TIPP
Die Kartoffeln werden mit ganz wenig Salzwasser gekocht, damit nicht das gute Kartoffelwasser ins Waschbecken abgeschüttet wird und somit Stärke und Geschmack verloren gehen.
Sie können das Gericht auch mit frischer Lachsforelle oder Lachs zubereiten.

KINGS KOCHINSPIRATIONEN: KARTOFFEL-BEIGNETS MIT MARINIERTEM FELCHEN UND FELCHENKAVIAR

FÜR 6 PERSONEN

STAMPFKARTOFFELN
150 g Stampfkartoffeln
etwas Geflügelfond

APFELKOMPOTT
300 g Boskop
1 TL frisch geriebener Meerrettich

MEERAAL
600 g kalt geräuchertes Meeraalfilet
40 g Butter

CHAMPAGNER-SENFSAUCE
200 ml Champagnersauce (siehe Rezept Seite 340)
1 EL geschlagene Sahne
1/2 EL grober mittelscharfer Senf

ANRICHTEN
etwas frisch geriebener Meerrettich

MEERAAL AUF APFEL-MEERRETTICH-KOMPOTT UND LEICHTER CHAMPAGNER-SENFSAUCE

STAMPFKARTOFFELN

Kartoffeln schälen, vierteln und in Salzwasser weich kochen. Nur so viel Salzwasser verwenden, dass nichts abgeschüttet werden muss, sondern die restliche Flüssigkeit zum Stampfen verwendet werden kann. Die Kartoffelmasse mit etwas Geflügelfond auf die gewünschte Konsistenz verdünnen. Die Kartoffelmasse soll noch kleine Stückchen enthalten und sämig sein. Mit Meersalz und weißem Pfeffer abschmecken.

APFELKOMPOTT

Die Äpfel schälen, von den Kerngehäusen befreien und in grobe Stücke schneiden. Die Apfelstücke in einem Topf anschwitzen, den Deckel auflegen und bei schwacher Hitze ca. 40 Minuten weich dünsten. Die Apfelstücke mit einem Kartoffelstampfer leicht anstampfen, so dass noch deutliche Stückchen zu erkennen sind. 1 TL frisch geriebenen Meerrettich unterrühren.

MEERAAL

Das Aalfilet in kleine Scheiben schneiden und in einer nicht zu heißen Pfanne in aufgeschäumter Butter mehrmals wenden. Nur so lange in der Pfanne belassen, bis die Aalstücke warm sind.

CHAMPAGNER-SENFSAUCE

Die Champagnersauce aufkochen, die geschlagene Sahne und den Senf dazugeben und mit dem Mixstab aufmixen. Nicht mehr kochen lassen.

ANRICHTEN

Das warme Apfelkompott auf die Stampfkartoffeln in der Tellermitte geben. Die Aalstücke auf das Kartoffel-Apfelkompott legen. Die Campagner-Senfsauce über den Aal geben und mit etwas frisch geriebenem Meerrettich bestreuen.

TIPP

Kalt geräucherten Aal nicht anbraten, da er sonst zu scharf wird. Sollten Sie frischen Aal verwenden, dürfen beim Anbraten ein paar Röststoffe entstehen. Achten Sie darauf, nicht zu viel Senf in die Sauce zu geben, da sonst der feine Aalgeschmack übertönt wird. Frischer Meeraal ist feiner und nicht so fett wie gezüchteter Süßwasseraal. Im Spätherbst schmeckt er am besten.

MEERAAL AUF APFEL-MEERRETTICH-KOMPOTT UND LEICHTER CHAMPAGNER-SENFSAUCE

FÜR 6 PERSONEN

GEKOCHTE KALBSBRUST
1,5 kg mageres Kalbsbrust- oder Nackenfleisch
2,5 l heller Kalbsfond
300 ml trockener Silvaner
2 Lorbeerblätter
6 Nelken
2 kleine Gemüsezwiebeln
100 g weiße Champignons
1/4 Fenchelknolle, gewürfelt
1 kleine Stange Staudensellerie, gewürfelt
1 kleiner Bund Estragon
5 Pimentkörner, 1 EL Senfkörner, 1 EL weiße Pfefferkörner
1 TL Korianderkörner

WEISSE CREMESAUCE
60 g Schalotten
60 g Staudensellerie
60 g Champignons
40 g Butter
50 ml Noilly Prat
400 ml Kalbsfond
200 ml Sahne
1 Zitrone
Meersalz, frisch gemahlener weißer Pfeffer
1 EL geschlagene Sahne

GEKOCHTE KALBSBRUST MIT WALDPILZEN UND BUTTERKLÖSSCHEN

BUTTERKLÖSSCHEN
120 g Butter
3 Volleier
1 TL Mehl
125 g frische Semmelbrösel
Muskat, Meersalz, frisch gemahlener weißer Pfeffer

WALDPILZE
nach Belieben und Saison, zum Beispiel Steinchampignons, Steinpilze, krause Glucke, Maronenpilze, Austernsaitlinge, Pfifferlinge, Trompetenpilze, Morcheln, Braunkappen, Butterpilze. Jede Jahreszeit hat ihre eigenen Saisonpilze!

ANRICHTEN
etwas Estragon
einige Kapernäpfel

GEKOCHTE KALBSBRUST MIT WALDPILZEN UND BUTTERKLÖSSCHEN

GEKOCHTE KALBSBRUST

Das Kalbfleisch in grobe Stücke schneiden und in den kalten Kalbsfond legen. Den Weißwein dazugeben. Die Flüssigkeit langsam zum Köcheln bringen, dabei immer wieder den weißen Schaum abschöpfen.

Die mit je einem Lorbeerblatt und drei Nelken gespickten Gemüsezwiebeln, die Champignons, den Fenchel, den Sellerie und den Estragon sowie die Gewürze (am besten in einen Teebeutel einwickeln) hinzugeben. Alles mindestens 1 1/2 Stunden leise köcheln lassen, bis das Kalbfleisch weich ist. Das gare Fleisch aus dem Fond nehmen und sofort mit einem feuchten Tuch bedecken. (Damit es schön weiß bleibt.)

WEISSE CREMESAUCE

Das Gemüse fein schneiden und in der frischen Butter kräftig anschwitzen. Mit Noilly Prat ablöschen, danach mit dem Kalbsfond aufgießen. Die Flüssigkeit auf die Hälfte einkochen lassen und anschließend mit Sahne aufgießen. Nochmals ca. 20 Minuten köcheln lassen. Mit dem Stabmixer mixen, so dass das Gemüse vollständig püriert ist. Das Püree nochmals durch ein feines Sieb streichen und mit etwas Zitronensaft und geriebener Zitronenschale, Pfeffer und Meersalz abschmecken. Kurz vor dem Servieren die geschlagene Sahne unterheben und die Sauce nochmals kurz aufmixen.

BUTTERKLÖSSCHEN

Die Butter schaumig rühren, bis sie ganz weiß ist. Ein Ei mit dem Handrührgerät einrühren. Dann eine kleine Prise Mehl dazugeben, dann das nächste Ei einrühren, wieder eine Prise Mehl dazugeben und das letzte Ei und Mehl einrühren. Die Semmelbrösel dazugeben, gut verrühren und mit etwas frisch geriebenem Muskat, Meersalz und Pfeffer leicht würzen.

Aus dem Teig kleine Klößchen formen und in kochendes Salzwasser geben. Einmal aufkochen lassen, den Deckel auflegen und 3 Minuten ziehen lassen. Eine kleine Tasse kaltes Wasser dazugeben, den Topf wieder bedecken, das Wasser wieder aufkochen, 3 Minuten ziehen lassen und erneut eine kleine Tasse kaltes Wasser dazugeben. Diesen Vorgang noch einmal wiederholen.

GEKOCHTE KALBSBRUST MIT WALDPILZEN UND BUTTERKLÖSSCHEN

WALDPILZE

Hier bleibt Ihnen je nach Saison und Geschmack freie Wahl. Nehmen Sie, was Sie bekommen können, aber nur in bester Qualität. Achten Sie darauf, dass Sie die Pilze stets nur mit einem Messer, Pinsel oder feuchten Tuch reinigen. Waschen im Wasser schadet den Pilzen – sie saugen sich sehr schnell voll. Das verwässert den Geschmack.

Braten Sie die Pilze in wenig frischer Butter kurz an und würzen Sie sie nur ganz leicht. Jeder Pilz hat seinen eigenen Geschmack, und genau das möchte ich in diesem Gericht besonders hervorheben.

ANRICHTEN

Das Kalbfleisch in der weißen Cremesauce langsam erhitzen, dann 3 bis 4 Fleischstücke in einen tiefen Teller geben. Die Butterklößchen abtropfen lassen und ebenfalls 3 bis 4 Stück pro Portion dazugeben. Die Pilze großzügig zwischen Fleisch und Klößchen verteilen. Das Fleisch und die Butterklößchen mit der kurz aufgemixten Sauce nappieren. Jeden Teller mit Estragon und einigen Kapernäpfeln garnieren.

TIPP

Schneiden Sie das rohe Fleisch in großzügige Stücke – beim Kochen verliert es etwa 50 Prozent seines Umfangs. Sie können das Kalbfleisch auch mit kaltem Wasser ansetzen und den so entstandenen Kalbsfond nochmals auf die Hälfte einkochen, wenn Sie das gare Fleisch herausgenommen haben.

Verwenden Sie bei den Butterklößchen keine fertig gekauften Semmelbrösel, sondern stets frische Brösel vom Bäcker oder selbst geriebene von den trockenen Sonntagsbrötchen.

GEKOCHTE KALBSBRUST
MIT WALDPILZEN UND
BUTTERKLÖSSCHEN

SAINT-PIERRE
IM SÜSSKARTOFFELSUD

FÜR 6 PERSONEN

SÜSSKARTOFFELSUD
1 große Gemüsezwiebel
60 ml Sonnenblumenöl
300 g Süßkartoffeln
40 ml Noilly Prat
60 ml sehr trockener Weißwein
60 ml Orangensaft
200 ml leichter Geflügelfond
Meersalz, frisch gemahlener weißer Pfeffer und Koriander, Knoblauch, etwas Orangenabrieb, Paprikapulver, Lorbeer, Rosmarin, Senfsaat, Piment, wenig Safran
1 EL fein gehackte Blattpetersilie

SAINT-PIERRE
60 g Butter
6 Saint-Pierre-Filets à 120 g
Meersalz, frisch gemahlener weißer Pfeffer, 3 Tropfen Limonensaft

SAINT-PIERRE IM SÜSSKARTOFFELSUD

SÜSSKARTOFFELSUD

Die Gemüsezwiebel fein würfeln und in dem Sonnenblumenöl anschwitzen. Die in Rauten geschnittenen Süßkartoffeln dazugeben und mit anschwitzen. Mit Paprikapulver würzen, dann mit Noilly Prat, Weißwein und Orangensaft ablöschen. Etwas einkochen lassen, den Geflügelfond und die Gewürze dazugeben und bei schwacher Hitze ca. 10 Minuten ziehen lassen. (Die Süßkartoffeln dürfen nicht zu weich werden.) Nochmals gut abschmecken, die fein gehackte Blattpetersilie dazugeben.

SAINT-PIERRE

Die Butter in einer Pfanne aufschäumen (nicht braun werden lassen).
Die Saint-Pierre-Filets mit der Hautseite nach unten einlegen und bei ganz milder Hitze gar ziehen lassen. Würzen und immer wieder mit der aufgeschäumten Butter übergießen.

ANRICHTEN

Süßkartoffeln in einen tiefen Teller geben und den Saint-Pierre darauflegen. Nochmals leicht mit frisch gemahlenem Koriander, weißem Pfeffer und Meersalz bestreuen.

TIPP

Dieses Gericht schmeckt auch hervorragend mit gebratenem Maishähnchen oder einigen Wachtelbrüstchen.

SAINT-PIERRE IM SÜSSKARTOFFELSUD

FÜR 6 PERSONEN

TAUBENBRÜSTE
6 Taubenbrüste ohne Haut (Étouffée-Täubchen)
1 Thymianzweig
Salz, Pfeffer, 1 Thymianzweig, Sonnenblumenöl

SCHALOTTENKOMPOTT
300 g Schalotten
1 Lorbeerblatt
50 g frische Butter
etwas fein gehackter Thymian und Rosmarin
frisch gemahlener schwarzer Pfeffer, Champagneressig
frisch gemahlener weißer Pfeffer, Zitronensaft, Zucker
Sonnenblumenöl

SELLERIEPÜREE
300 g Knollensellerie
100 ml Milch
ca. 50 ml Wasser
grobes Meersalz, frisch gemahlener weißer Pfeffer, einigen Tropfen frischer Zitronensaft,
1 Prise Zucker

BRATBROT
6 Scheiben geschnittenes helles Sauerteigbrot, 2 mm dick
200 g frische Gänsestopfleber
80 g frischer schwarzer Trüffel
6 mittelgroße, sauber geputzte Steinpilze
1/2 blanchierte, geschälte Knoblauchzehe
1/4 TL sehr fein gehackte Blattpetersilie
100 ml feinster Trüffeljus
Meersalz, weißer und schwarzer Pfeffer aus der Mühle, Fleur de Sel,
Sonnenblumenöl und geklärte Butter zum Braten

SCHLEMMERSCHNITTE À LA KING

TAUBENBRÜSTE

Die Taubenbrüste von beiden Seiten vorsichtig mit Salz und Pfeffer würzen. In einer heißen Pfanne zusammen mit einem Thymianzweig in etwas Sonnenblumenöl von beiden Seiten leicht anbraten und dann im auf 120 °C vorgeheizten Backofen ca. 5 Minuten garen. Die Taubenbrüste auf ein Backblech legen und abgedeckt an einem warmen Ort ca. 10 Minuten ruhen lassen.

SCHALOTTENKOMPOTT

Die ungeschälten Schalotten mit Sonnenblumenöl beträufeln, salzen, pfeffern und im auf 180 °C vorgeheizten Backofen so lange garen, bis sie weich sind. Die Schalotten mit einer Schere »pellen«, dann zusammen mit einem Lorbeerblatt in einer Pfanne mit frischer Butter leicht anbraten und glacieren. Mit etwas fein gehacktem Thymian und Rosmarin sowie frisch gemahlenem schwarzem Pfeffer und einem Spritzer Champagneressig abschmecken. Nun das Lorbeerblatt entfernen und alles andere mit dem Mixstab zu einem feinen Schalottenkompott mixen.

SELLERIEPÜREE

Den Knollensellerie schälen, in grobe Würfel schneiden und mit wenig Salz-Milch-Wasser zugedeckt bei geringer Hitze weich kochen. (Nur so viel Salz-Milch-Wasser verwenden, dass die Flüssigkeit gerade ausreicht, um den Sellerie weich zu kochen.) Nun den Sellerie in einer Mulinette ganz fein pürieren. Mit grobem Meersalz, frisch gemahlenem weißem Pfeffer, einigen Tropfen frischem Zitronensaft und einer kleinen Prise Zucker abschmecken.

BRATBROT

Die Brotscheiben in einer heißen Pfanne mit Sonnenblumenöl und Butter von beiden Seiten knusprig braten. Abtropfen lassen und mit dünn geschnittener Gänsestopfleber belegen. Leicht mit Fleur de Sel und frisch gemahlenem schwarzem Pfeffer bestreuen. Reichlich frischen schwarzen Trüffel darüberhobeln.
Steinpilze in dicke Scheiben schneiden und in einer heißen Pfanne mit etwas Sonnenblumenöl und frischer Butter mit der blanchierten Knoblauchzehe kurz anbraten. Leicht mit Meersalz und frisch gemahlenem weißem Pfeffer sowie wenig fein gehackter Blattpetersilie würzen.

ANRICHTEN

Das Selleriepüree auf einen Teller geben. Etwas Schalottenkompott daraufhäufen, die Taubenbrust daraufsetzen, mit zwei Scheibchen Steinpilzen bedecken und mit der Bratbrotscheibe mit der Gänsestopfleber abschließen. Mit etwas Trüffeljus beträufeln.

FÜR 6 PERSONEN

GRÜNKERN-KÜCHLEIN
500 g grob geschroteter Grünkern
300 ml Gemüsebrühe
175 g geriebener alter Gouda
100 g Tomatenmark
125 g fein geschnittene gedünstete Zwiebeln
3 Eier
3 Eigelb
1 kleiner Bund Blattpetersilie
1 kleiner Bund Schnittlauch
1 Zweig Rosmarin
1 Zweig Thymian
1/2 Knoblauchzehe
Salz, Pfeffer, Muskat, edelsüßer Paprika
100 g in feine Würfel geschnittenes Weißbrot
Sonnenblumenöl zum Braten

SELLERIESENF
400 g Sellerieknolle
Salz, Pfeffer
1 Prise Zucker
etwas Zitronensaft
Milch zum Kochen
40 g Crème fraîche
50 g grober mittelscharfer Senf

GRÜNKERN-KÜCHLEIN MIT SELLERIESENF

GRÜNKERN-KÜCHLEIN
Den grob geschroteten Grünkern mit etwas Gemüsebrühe ca. 6 Stunden quellen lassen. Dann mit Gouda, Tomatenmark, Zwiebeln und Ei vermengen. Die fein gehackten Kräuter dazugeben, kräftig würzen, nochmals ca. 1 Stunde gut durchziehen lassen. Jetzt die Weißbrotwürfel vorsichtig unterheben. Die Masse zu kleinen Bällchen formen und in etwas Sonnenblumenöl knusprig braten. Falls die Masse zu weich oder zu fest ist, noch Weißbrotwürfel oder Ei dazugeben.

SELLERIESENF
Den Knollensellerie in grobe Würfel schneiden und in der mit Salz, Pfeffer, Zucker und Zitronensaft gewürzten Milch weich kochen. Nur so viel Milch verwenden, dass keine Restflüssigkeit bleibt. Die Crème fraîche dazugeben und mit einer Mulinette ganz fein pürieren. Dabei darauf achten, dass das Selleriepüree nicht zu dünn wird. Das Selleriepüree mit dem Senf vermengen und kühl stellen.

ANRICHTEN
Die heißen Küchlein mit dem gekühlten Selleriesenf anrichten und servieren.

TIPP
Grünkern-Küchlein sind eine wunderbare Alternative zu Fleisch und Fisch. Sie sind herzhaft im Geschmack und mit dem Selleriesenf ein wahres Vergnügen. Formen Sie kleine Küchlein, sonst lassen sie sich nicht durchbraten.
Der Selleriesenf kann einige Tage im Kühlschrank aufbewahrt werden.

GRÜNKERN-KÜCHLEIN MIT SELLERIESENF

GEFÜLLTE CALAMARETTI MIT KALBSKOPF UND MILDEM SENFKOHL

FÜR 6 PERSONEN

KALBSKOPF

300 g gewässerte Kalbskopfmaske
300 g geputzte Kalbsbacken
300 g geputzte Kalbszunge
1 Gemüsezwiebel
30 g Möhren, grob gewürfelt
30 g Staudensellerie, grob gewürfelt
30 g Lauch, grob gewürfelt
30 ml Estragonessig
2 Lorbeerblätter
2 Wacholderbeeren
5 g Pimentkörner
5 g Senfsaat
5 g Fenchelsamen
2 Knoblauchzehen
2 Zweige Rosmarin
2 Zweige Petersilie
20 g Senf
10 g Meerrettich
Meersalz, Pfeffer aus der Mühle

KALBSFARCE

150 g Kalbfleisch aus der Schulter
50 g grüner Speck
200 ml Sahne
20 g Eiweiß
20 ml Noilly Prat, 20 ml Sherry
2 EL geschlagene Sahne
Meersalz, Pfeffer und Koriander aus der Mühle

GEFÜLLTE CALAMARETTI MIT KALBSKOPF UND MILDEM SENFKOHL

CALAMARETTI

1 kg geputzte und gewaschene Calamaretti (ca. 12 Stück)
10 ml Sonnenblumenöl
1 fein gewürfelte Schalotte
2 EL blanchierte Staudenselleriewürfel, 2 EL blanchierte Möhrenwürfel
200 g Kalbskopf, fein gewürfelt
1 EL gehackte Blattpetersilie
Salz, Pfeffer
80 g Kalbsfarce

SENFKOHL

500 g junger Senfkohl
3 Schalotten
20 g Butter
80 ml Gemüsefond
Meersalz, Pfeffer aus der Mühle

LEICHTER KALBSKOPFJUS

3 grob gewürfelte Schalotten
20 g grob gewürfelte Möhren, 40 g grob gewürfelter Staudensellerie
1 grob gewürfelte Tomate
40 g grob gewürfelte Champignons
30 g Butter
50 ml Weißwein, 50 ml Noilly Prat
500 ml Kalbskopffond
20 g Senfsaat, 20 g Koriandersamen
20 g weißer Pfeffer, 1 Lorbeerblatt, 5 g Pimentkörner, 2 Zweige Rosmarin, 2 Zweige Thymian, 2 Knoblauchzehen
30 ml Olivenöl, 30 g kalte Butterwürfel
Meersalz, Pfeffer aus der Mühle, etwas Estragonessig

KALBSKOPF

Die Kalbsmaske, -backen und -zunge mit der Zwiebel und dem Gemüse in einem Topf mit Wasser, Salz und Essig gut bedeckt langsam zum Kochen bringen. Den entstehenden Schaum immer wieder abschöpfen. Etwa 1 Stunde leicht köcheln lassen. Die Gewürze, den Knoblauch und die Kräuter zufügen und weitere 30 bis 40 Minuten ziehen lassen. Das Fleisch aus dem Sud nehmen. Die Zunge vorsichtig abziehen und mit Maske und Backen in 1,5 bis 2 cm große Würfel schneiden. Mit Senf, Meerrettich, Salz und Pfeffer würzen und in eine Terrinenform pressen. Mindestens 24 Stunden kalt stellen. Den Kochfond durch ein feines Sieb passieren.

KALBSFARCE

Das Kalbfleisch und den Speck fein würfeln, mit Salz, Pfeffer und Koriander würzen und für 1/2 Stunde in den Gefrierschrank stellen. Dann zusammen mit der eiskalten Sahne in der Moulinette fein mixen. Die Mousse darf dabei nicht warm werden. Dünn auf ein Blech streichen und erneut für 1/2 Stunde in den Gefrierschrank stellen. Danach Eiweiß, Noilly Prat und Sherry zugeben und nochmals aufmixen. Durch ein feines Sieb streichen und sofort auf Eis stellen. Jetzt die geschlagene Sahne unterheben und mit Salz und Pfeffer abschmecken.

CALAMARETTI

4 Calamaretti klein würfeln und mit Salz und Pfeffer würzen. Kurz in dem Öl sautieren und die Schalotten dazugeben. Sofort kalt stellen. Gemüsewürfel, Kalbskopfwürfel und Calamaretti vermischen und mit der Petersilie, Salz und Pfeffer würzen. Nach und nach ein wenig Farce zugeben, bis die Masse gebunden ist. Die übrigen Calamaretti nicht zu prall füllen und mit einem Zahnstocher verschließen.

SENFKOHL

Den Senfkohl gut waschen und trocken schleudern. Die Stiele bis zum Blattansatz fein schneiden und mit den gewürfelten Schalotten in der Butter anschmelzen. Mit Salz und Pfeffer würzen. Die fein geschnittenen Blätter zugeben und den Fond angießen. Kurz einkochen lassen und mit Salz und Pfeffer abschmecken.

GEFÜLLTE CALAMARETTI MIT KALBSKOPF UND MILDEM SENFKOHL

LEICHTER KALBSKOPFJUS

Die Schalotten und das Gemüse in der Butter bei schwacher Hitze anschwitzen, ohne dass sie Farbe annehmen. Mit Noilly Prat und Weißwein ablöschen. Den Alkohol vollständig einkochen lassen und den Kalbskopffond angießen. Aufkochen und um die Hälfte einkochen lassen. Kräuter und Gewürze zufügen und 10 Minuten ziehen lassen. Mit dem Pürierstab mixen und durch ein feines Sieb passieren. Nochmals aufkochen und mit dem Pürierstab die eiskalte Butter und das Olivenöl einmixen. Mit Salz, Pfeffer und Essig abschmecken.

ANRICHTEN

Die gefüllten Calamaretti in einer nicht zu heißen Pfanne in Olivenöl und etwas Butter von allen Seiten 4 bis 5 Minuten braten. Danach die Köpfe kurz sautieren. Den gepressten Kalbskopf in carpacciodünne Scheiben schneiden und in vorgewärmten tiefen Tellern anrichten. Den Senfkohl daraufgeben, die Calamaretti daraufsetzen und mit der Soße nappieren. Etwas Tomatenkompott (aus 80 g abgezogenen Tomatenwürfeln, 20 ml Olivenöl, etwas schwarzem Pfeffer und Meersalz) in einen Teller geben und die Köpfe darauflegen.

GEFÜLLTE CALAMARETTI MIT
KALBSKOPF UND MILDEM SENFKOHL

FÜR 6 PERSONEN

VANILLEKÜCHLEIN
1 Ei
1 Eigelb
1 EL Vanillezucker
1 Vanilleschote
200 g Mehl
200 ml Milch
1 TL Backpulver
2 EL flüssige Butter
1 Prise Salz
2 EL geklärte Butter zum Braten

SANDDORNPÜREE
500 g Sanddornbeeren
2 EL Honig
1 EL brauner Rohrzucker
1/4 Vanilleschote
2 TL Zitronensaft

VANILLE-RAHMEIS
200 ml Sahne
200 ml Milch
2 Vanilleschoten
5 Eigelb
70 g Zucker

VANILLEKÜCHLEIN AUF SANDDORN-PÜREE MIT VANILLE-RAHMEIS

VANILLEKÜCHLEIN

Das Ei, das Eigelb und den Vanillezucker kräftig schaumig rühren. Die Vanilleschote aufschneiden und das ausgekratzte Mark dazugeben. Jetzt die anderen Zutaten hinzufügen und zu einem klümpchenfreien, glatten Teig verrühren. Die Masse mindestens 2 Stunden in den Kühlschrank stellen. Die geklärte Butter in einer beschichteten Pfanne nicht zu stark erhitzen, maximal 1 EL große Teigtaler hineingeben und nur von einer Seite leicht anbraten. 1 bis 2 Minuten bei starker Oberhitze in den auf 180° C vorgeheizten Backofen geben.

SANDDORNPÜREE

Die Sanddornbeeren schnell waschen und in einem Topf kurz aufkochen lassen. Zum Abschmecken nur etwas Honig, braunen Rohrzucker, Zitronensaft und einen Hauch Vanille verwenden. Durch das Passiergerät drehen und abkühlen lassen.

VANILLE-RAHMEIS

Die Milch, die Sahne, die ausgeschabte Vanille und die Vanilleschoten in einem Topf kurz aufkochen und 5 Minuten ziehen lassen. Die Eigelb und den Zucker kräftig schaumig rühren, bis die Masse fast weiß ist. Nun die heiße Sahne-Milch-Gewürzmischung daraufgeben, gut verrühren und bei schwacher Hitze im Topf abziehen, d. h. so lange unter ständigem Rühren erhitzen, bis die Masse dicklich wird. Dann sofort durch ein Sieb geben, die Vanilleschote gut ausdrücken und für Vanillezucker weiterverwenden. Die abgekühlte Masse in der Eismaschine frieren.

ANRICHTEN

Das Sanddornpüree auf ein Tellerchen geben, darauf direkt aus der Pfanne ein Vanilleküchlein setzen und das frische Vanille-Rahmeis dazu servieren.

TIPP

Vanille ist fein, wertvoll und teuer. Achten Sie beim Kauf von Vanilleschoten darauf, dass diese weich, saftig und prall gefüllt sind und ein betörendes vanilliges Aroma haben. Kaufen Sie nur erstklassige Vanille, z. B. Ware aus Madagaskar oder von den Antillen. Leider gibt es im Supermarkt meist nur Vanilleschoten in kleinen Plastikröhrchen, die vertrocknet und steinhart sind. Sanddorn ist ein Strauchgewächs, das sehr gesund, aber nicht weit verbreitet ist. Die Beeren platzen beim Pflücken sehr schnell auf und sollten deswegen zügig weiterverarbeitet werden.

VANILLEKÜCHLEIN AUF SANDDORN-PÜREE MIT VANILLE-RAHMEIS

FÜR 6 PERSONEN

ROCHENFLÜGEL
40 g Butter
6 Stücke Rochenflügel à ca. 140 g
1/2 blanchierte Knoblauchzehe
1 Thymianzweig
etwas Zitrone, Meersalz und weißer Pfeffer aus der Mühle

ARTISCHOCKENFÜLLUNG
5 große Artischocken
30 ml Olivenöl
2 gewürfelte Schalotten
20 ml Cynar (Artischockenlikör)
20 ml Noilly Prat
50 ml heller Kalbsfond
1 Thymianzweig
etwas Knoblauchöl
weißer Pfeffer, Meersalz, etwas Zitronensaft

RAVIOLI
400 g doppelgriffiges Mehl (Dunst)
40 ml Sonnenblumenöl
40 ml Milch
3 Volleier
1 große Prise Salz
1 Eigelb, etwas Milch zum Bepinseln

ROCHENFLÜGEL AUF ARTISCHOCKENRAVIOLI MIT ESSIGSAUCE

SAUCE

2 EL Staudensellerie

2 EL Champignons

2 EL Schalotten

1 EL Sellerie

1 EL Fenchel

50 g Butter

40 ml Cynar

250 ml heller Kalbsfond

250 ml Fischfond

1 EL dunkler Kalbsjus

ca. 30 ml alter Balsamicoessig

etwas Artischockensud

etwas Thymian, Meersalz, schwarzer Pfeffer aus der Mühle

ANRICHTEN

2 abgezogene, entkernte Tomaten

ROCHENFLÜGEL AUF ARTISCHOCKENRAVIOLI MIT ESSIGSAUCE

ROCHENFLÜGEL

Die Butter in einer beschichteten Pfanne aufschäumen. Die Rochenflügelstücke einlegen. Die blanchierte Knoblauchzehe und den Thymianzweig dazugeben und die Rochenflügel vorsichtig von beiden Seiten braten (höchstens 4 bis 5 Minuten). Mit weißem Pfeffer, Meersalz und Zitronensaft würzen.

ARTISCHOCKENFÜLLUNG

Die Artischocken putzen und die Böden kurz in kaltes Zitronenwasser tauchen. Die Artischocken in grobe Würfel schneiden, dann mit den Schalotten in Olivenöl anschwitzen. Mit dem Cynar und dem Noilly Prat ablöschen, den Kalbsfond angießen, den Thymianzweig und das Knoblauchöl dazugeben. Den Topf abdecken und die Artischocken weich köcheln lassen. Mit Salz und Pfeffer abschmecken.

2/3 der Artischocken zu einem Püree mixen, den Artischockensud aufbewahren. 2 EL des Artischockenpürees beiseitestellen. Die restlichen Artischocken grob hacken, 3 EL beiseitestellen. Die gehackten Artischocken mit dem Artischockenüree vermengen. Alles nochmals gut abschmecken.

RAVIOLI

Alle Zutaten vermengen und zu einem glatten, geschmeidigen Teig kneten. Den Teig mit Klarsichtfolie abdecken und 1 Stunde im Kühlschrank ruhen lassen.

Den Ravioliteig dünn ausrollen und mit der Eigelb-Milchmischung bepinseln.

Pro Ravioli 1 EL Artischockenfüllung auflegen, mit Teig abdecken, vorsichtig festdrücken und dann ausstechen. Kurz in Salzwasser kochen.

SAUCE

Alle Gemüse fein würfeln und in der Butter glasig dünsten. Mit dem Cynar ablöschen, den Kalbs- und Fischfond sowie den Kalbsjus aufgießen, den Thymian dazugeben und ca. 20 Minuten köcheln lassen. Dann den Balsamicoessig dazugeben. Den Thymian herausnehmen. Die Sauce mixen und durch ein feines Sieb streichen. (Das pürierte Gemüse ergibt eine sämige Sauce.) Jetzt etwas von dem Artischockensud dazugeben und das beiseitegestellte Artischockenpüree untermixen. Alles nochmals abschmecken, eventuell noch etwas alten Balsamico dazugeben.

ROCHENFLÜGEL AUF ARTISCHOCKENRAVIOLI MIT ESSIGSAUCE

ANRICHTEN

Etwas Butter in eine Pfanne geben, aufschäumen lassen, die Ravioli und den Thymianzweig dazugeben und kurz heiß werden lassen. Ravioli in die Tellermitte legen, mit reichlich Sauce nappieren und den gebratenen Rochenflügel daraufsetzen. Die zurückbehaltenen Artischockenwürfel mit den gewürfelten Tomaten mischen und zum Garnieren verwenden.

TIPP

Wir kochen die Artischockenböden im Vakuumbeutel. Das hat den Vorteil, dass keine Luft herankommt und wir nur sehr wenig Zitrone benötigen; außerdem verstärkt sich das Artischockenaroma, weil nichts entweichen kann.

Achten Sie beim Kauf des Rochenflügels darauf, dass er absolut frisch ist. Kaum ein anderer Fisch verdirbt so schnell und entwickelt einen unangenehmen, salmiakähnlichen Geruch.

ROCHENFLÜGEL AUF
ARTISCHOCKENRAVIOLI
MIT ESSIGSAUCE

WINTER

Ans Haff nun fliegt die Möwe,
Und Dämmrung bricht herein;
Über die feuchten Watten
Spiegelt der Abendschein.

Graues Geflügel huschet
Neben dem Wasser her;
Wie Träume liegen die Inseln
Im Nebel auf dem Meer.

Ich höre des gärenden
Schlammes geheimnisvollen Ton,
Einsames Vogelrufen –
So war es immer schon.

Noch einmal schauert leise
Und schweiget dann der Wind;
Vernehmlich werden die Stimmen,
Die über der Tiefe sind.

Theodor Storm

MEERESSTRAND

FÜR 6 PORTIONEN

KALBSSCHWANZ

3 kg Kalbsschwanz in 6 cm langen Stücken

Öl zum Braten

2 Gemüsezwiebeln

100 g Lauch

100 g Möhren

100 g Sellerie

100 g Champignons

20 g Tomatenmark

20 g brauner Zucker

100 ml roter Portwein

100 ml Madeira

250 ml Rotwein

Kalbs- oder Gemüsefond

10 weiße Pfefferkörner

3 Lorbeerblätter

3 Wacholderbeeren

10 Pimentkörner

Meersalz, Pfeffer aus der Mühle

2 Knoblauchzehen

2 Zweige Rosmarin

2 Zweige Thymian

10 g Senf

Meersalz, Pfeffer und Koriander aus der Mühle

Mehl und Sonnenblumenöl zum Braten

KROSS GEBRATENER KALBSSCHWANZ AUF KARAMELLISIERTEN SCHWARZWURZELN UND TRÜFFELKOMPOTT

SCHWARZWURZELN

9 Schwarzwurzeln
Vollmilch zum Einlegen
Meersalz, Pfeffer, Muskat
etwas Butter und Zucker zum Braten

TRÜFFELKOMPOTT

40 g Schalotten
40 g Champignons
10 g Butter
100 g frischer Perigord-Trüffel
60 ml Trüffelsaft
40 ml Madeira
25 g eiskalte Butter
Meersalz
Pfeffer

KROSS GEBRATENER KALBSSCHWANZ AUF KARAMELLISIERTEN SCHWARZWURZELN UND TRÜFFELKOMPOTT

KALBSSCHWANZ

Den Kalbsschwanz mit Salz und Pfeffer würzen und in einem Bräter von allen Seiten scharf anbraten. Herausnehmen und das grob zerkleinerte Gemüse und die Zwiebeln darin bei milder Hitze anrösten. Tomatenmark und braunen Zucker zugeben und kurz mitrösten. Portwein, Madeira und Rotwein angießen und einkochen lassen. Den Ochsenschwanz auf das Gemüse geben und mit Kalbsfond aufgießen, bis das Fleisch gut bedeckt ist. Aufkochen lassen und ca. 3 Stunden im auf 150 °C vorgeheizten Backofen schmoren, dabei das Fleisch mehrmals wenden. Kurz vor Ende der Garzeit die Gewürze, den Knoblauch und die Kräuter zufügen (der Kalbsschwanz ist weich, wenn er sich leicht vom Knochen löst). Kalbsschwanz aus dem Bräter nehmen und vom Knochen lösen, dabei von den großen Fettstücken befreien. Den Schmorfond abfetten und fein passieren.

Das noch warme Kalbsschwanzfleisch mit 200 ml Fond, Senf, Meersalz, Pfeffer und Koriander abschmecken und in eine rechteckige Terrinenform geben. Die Form sollte gut voll sein, so dass man mit dem Deckel das überstehende Fleisch in die Form pressen kann. Für 24 Stunden kalt stellen. Danach aus der Form nehmen und in Scheiben von 6 cm x 3 cm x 1 cm schneiden.

SCHWARZWURZELN

Die Schwarzwurzeln waschen, großzügig schälen und sofort in die Milch legen, damit sie nicht braun werden. Auf 6 cm Länge zuschneiden und in wenig gewürzter Milch weich kochen. In Eiswasser abschrecken und auf einem Tuch trocken tupfen.

TRÜFFELKOMPOTT

Die gewürfelten Schalotten und Champignons in der Butter glasig dünsten. Den fein gewürfelten Trüffel dazugeben, mit Salz und Pfeffer würzen und kurz mit anschwitzen. Trüffelsaft und Madeira angießen und einkochen lassen. Die eiskalte Butter nach und nach unterrühren. Die Trüffelmasse darf nun nicht mehr kochen.

KROSS GEBRATENER KALBSSCHWANZ AUF KARAMELLISIERTEN SCHWARZWURZELN UND TRÜFFELKOMPOTT

ANRICHTEN

Die Schwarzwurzeln mit wenig Butter und Zucker goldgelb braten und je drei Stück in die Tellermitte legen. Die Kalbsschwanzscheiben von beiden Seiten mit Mehl bestäuben und in Sonnenblumenöl vorsichtig anbraten. Aus der Pfanne nehmen und auf die Schwarzwurzeln setzen. Den Bratensatz mit etwas Schmorfond lösen und sofort um den Kalbsschwanz geben. Eine Nocke Trüffelkompott daraufsetzen und mit frisch gemahlenem Pfeffer vollenden.

TIPP

Es ist ratsam, den Kalbschwanz schon 1 bis 2 Tage vorher zu pressen, damit er gut durchkühlen kann und beim Schneiden nicht auseinanderbricht.

KROSS GEBRATENER KALBSSCHWANZ AUF KARAMELLISIERTEN SCHWARZWURZELN UND TRÜFFELKOMPOTT

AVOCADO-TATAR MIT KNUSPER-JAKOBSMUSCHELN UND PIKANTER MANGO-PINIENKERN-SALSA

FÜR 6 PERSONEN

AVOCADO-TATAR
200 g Avocado
1 Apfel
etwas Limonensaft
50 ml Traubenkernöl
Ingwer, Meersalz, frisch gemahlener Pfeffer, grüner Tabasco

KNUSPER-JAKOBSMUSCHELN
9 große, frisch ausgelöste Jakobsmuscheln
50 g geklärte Butter
3 Blätter Tiefkühl-Strudelteig (ca. 30 x 40 cm)
wenig Meersalz und frisch gemahlener Pfeffer
30 ml Sonnenblumenöl
1 kleiner Thymianzweig

MANGO-PINIENKERN-SALSA
1/2 reife Mango
60 g geröstete Pinienkerne
2 EL abgezogene, entkernte und in Würfel geschnittene Tomaten
1 TL fein gehackter frischer Koriander
20 ml Apfelessig
etwas Limonensaft
80 ml fruchtiges Olivenöl
1 TL Lavendelhonig
Meersalz, frisch gemahlener Pfeffer, frisch gemahlene Korianderkörner, Chili, Tabasco, wenig Knoblauch

AVOCADO-TATAR MIT KNUSPER-JAKOBSMUSCHELN UND PIKANTER MANGO-PINIENKERN-SALSA

AVOCADO-TATAR

Für das Tatar die Avocado und den Apfel schälen, in pinienkerngroße Würfel schneiden und in Limonensaft und Traubenkernöl marinieren. Dann mit den Gewürzen pikant, aber nicht zu salzig abschmecken.

KNUSPER-JAKOBSMUSCHELN

Die ausgelösten Jakobsmuscheln halbieren, so dass zwei dicke Scheiben entstehen. Die Strudelteigblätter einzeln mit geklärter Butter bepinseln, übereinanderlegen und gut zusammendrücken. Kurz an einem kalten Ort ruhen lassen und mit einem Ausstecher in der Größe der Jakobsmuschelscheiben ausstechen.

Die Jakobsmuschelscheiben leicht salzen und pfeffern, mit etwas geklärter Butter bepinseln und dann auf beiden Seiten jeweils die ausgestochenen Strudelblätter ankleben. Nun bei starker Hitze in einer beschichteten Pfanne mit Sonnenblumenöl und dem Thymianzweig von beiden Seiten etwa 20 Sekunden knusprig braten.

MANGO-PINIENKERN-SALSA

Die Mango schälen und in pinienkerngroße Würfel schneiden. Mit den anderen Zutaten für die Salsa vermengen und pikant abschmecken. Die Salsa 2 bis 3 Stunden durchziehen lassen.

ANRICHTEN

Das Avocadotatar ringförmig aufschichten, die knusprigen Jakobsmuschelscheiben darauflegen. Die Mango-Pinienkern-Salsa dazugeben und mit Estragon und frischem Koriander garnieren.

TIPP

Bei den Avocados darauf achten, dass sie nicht zu hart, aber auch nicht zu mehlig sind.
Die Apfelwürfel geben der Avocado die nötige Säure für ein ausgewogenes Zusammenspiel.
Bei den Mangos sollten Sie thailändische Pattaya wählen. Diese sind sehr fruchtig und dicht im Geschmack.
Braten Sie die Knusper-Jakobsmuscheln sehr rasch. Die Strudelblätter sollen außen knusprig und die Jakobsmuscheln innen noch glasig sein.

AVOCADO-TATAR MIT KNUSPER-JAKOBSMUSCHELN UND PIKANTER MANGO-PINIENKERN-SALSA

FÜR 6 PERSONEN

6 Ochsenbacken à 250 g
etwas Sonnenblumenöl
Salz, Pfeffer
2 Karotten
1/4 Sellerieknolle
2 Zwiebeln
200 g Champignons
1 Knoblauchzehe
3 frische Tomaten
50 g Tomatenmark
etwas Madeira, Sherry und Rotwein
1,5 l Rinderfond
Lorbeer, schwarze Pfefferkörner, Senfkörner, Wacholderbeeren, Thymian, Rosmarin

Die Ochsenbacke von allen Seiten in heißem Sonnenblumenöl anbraten. Das Fleisch aus der Pfanne nehmen, mit Salz und Pfeffer würzen.
Das gewaschene, geschälte und klein geschnittene Gemüse in den Bratenansatz geben und bei schwacher Hitze langsam anbraten. Sobald das Gemüse Farbe angenommen hat, das Tomatenmark hineingeben. Anschwitzen und mit Madeira und Sherry ablöschen. Einkochen lassen, den Rotwein hinzufügen. Mit dem Rinderfond auffüllen.
Die Ochsenbacke in eine feuerfeste Form geben, die Gewürze und Kräuter hinzufügen und mit dem entstandenen Bratenfond auffüllen. Im auf 90 °C vorgeheizten Backofen (Umluft) 4 bis 6 Stunden garen. Eine Garprobe machen, die Ochsenbacke aus der Form nehmen. Den Fond leicht anmixen, damit die Sauce schön sämig wird. Durch ein Sieb passieren, eventuell noch etwas einkochen lassen und abschmecken.

TIPP
Zu diesem Gericht passt geschmortes Gemüse wie zum Beispiel Knollensellerie, Karotten, Fenchel, Topinambur, Petersilienwurzeln, Rote Bete. Auch Datteln, gepfefferte Dörrpflaumen oder Gewürzaprikosen sind exzellente Begleiter dazu. Kartoffel-Sellerie-Püree mit etwas frisch geriebenem Meerrettich oder mit viel frischem Schnittlauch passt ebenfalls wunderbar.

GESCHMORTE OCHSENBACKE

FÜR 6 PERSONEN

WEISSKRAUT
500 g Weißkraut
40 ml Champagneressig
1 Gemüsezwiebel
etwas Butter
1 Prise Backpulver
Nelke, Piment, Salz, Pfeffer, Zucker
100 ml Weißwein
1 EL Crème fraîche
etwas Zitronensaft
5 große Blätter frische Minze

SAUCE
60 g Schalotten
60 g Staudensellerie
60 g Champignons
40 g Butter
50 ml Noilly Prat
50 ml Weißwein
50 ml Champagner
50 ml Fischfond
250 ml Sahne
Salz, Pfeffer, Zitronensaft

AUSTERN
36 Sylter Royal-Austern
etwas Mehl
2 Eier
40 ml Milch
200 g getrocknetes Weißbrot
Butter zum Ausbacken

GEBACKENE SYLTER ROYAL-AUSTERN AUF CHAMPAGNER-RAHMKRAUT

WEISSKRAUT

Das Weißkraut in feine Streifen schneiden und über Nacht in Salz, Zucker und Champagneressig marinieren.
Die Gemüsezwiebel in feine Streifen schneiden und in Butter anschwitzen, ohne dass sie Farbe annimmt. Das marinierte Weißkraut dazugeben und weiter anschwitzen. Die Gewürze und den Weißwein beifügen und alles im zugedeckten Topf ca. 1 Stunde garen. Zum Schluss die Crème fraîche dazugeben und nochmals 10 Minuten köcheln lassen. Nochmals mit ein paar Tropfen Zitronensaft, Zucker, Pfeffer und Salz abschmecken. Vor dem Servieren die fein gehackte frische Minze dazugeben.

SAUCE

Für die Sauce alle Gemüse fein schneiden, in frischer Butter kräftig anschwitzen, mit Noilly Prat ablöschen und mit Champagner und Weißwein aufgießen. Auf die Hälfte einkochen lassen und anschließend mit Sahne aufgießen. Nochmals ca. 10 Minuten köcheln lassen. Alles mixen, so dass das Gemüse vollständig püriert wird. Durch ein feines Sieb streichen und abschmecken.

AUSTERN

Die ausgelösten Austern leicht in Mehl wälzen, durch die aufgeschlagene Ei-Milch-Mischung ziehen und sofort in den frisch geriebenen Weißbrotkrumen wälzen. Nur ganz leicht andrücken. Die »panierten« Austern ganz kurz und sehr heiß in geklärter Butter backen. Sofort auf ein Abtropftuch legen.

ANRICHTEN

Die leeren Austernschalen vorwärmen. Je einen Esslöffel Champagnerkraut einfüllen, die aufgemixte Champagnersauce daraufgeben. Die Austern auf dem Champagnerrahmkraut servieren.

TIPP

Nehmen Sie zum »Panieren« der Austern nur frisch geriebenes Weißbrot. Trockenes Baguette eignet sich hierfür am besten. Man raspelt es auf einer feinen Reibe – so entstehen ganz kleine Brotchips. Diese nehmen beim Braten weniger Butter auf und werden besonders knusprig. Wichtig ist, dass das Braten besonders schnell geht. Kurz und sehr heiß von jeder Seite max. 15 Sekunden braten, sonst werden die Austern trocken.

GEBACKENE SYLTER ROYAL-AUSTERN AUF CHAMPAGNER-RAHMKRAUT

AUSTERN MIT ROTWEINSCHALOTTEN

Schalotten klein schneiden, in Traubenkernöl anschwitzen und mit ganz wenig Cassis und Rotwein ablöschen. Den Alkohol ganz einkochen lassen, bei Bedarf nochmals mit Rotwein aufgießen und wieder einkochen lassen. Die Rotweinschalotten mit etwas Sherryessig, Salz, Pfeffer und Traubenkernöl abschmecken. Ein Löffelchen davon über die frisch geöffnete Auster geben.

AUSTERN MIT SCHNITTLAUCH-VINAIGRETTE

Ganz fein geschnittenen frischen Schnittlauch mit etwas geriebener Limone und gemahlenem Pfeffer vermengen und einige Tropfen Sonnenblumenöl dazugeben. Die frisch geöffnete Auster damit nappieren.

AUSTERN MIT IMPERIAL-KAVIAR

Auf die frisch geöffnete Auster eine kleine Nocke Imperial-Kaviar geben.

AUSTERN IM BRUNNENKRESSE-GELÉE

Einige Brunnenkresseblätter fein hacken und mit etwas Crème fraîche vermischen. Einige gesalzene frische Gurkenwürfelchen dazugeben und mit etwas Pfeffer und Zitronensaft abschmecken. Ein kleines Löffelchen davon in die Austernschale geben, die ausgelöste Auster darauf platzieren, mit Brunnenkresseblättern abdecken und hauchdünn mit Gelée begießen.
Für das Gelée nehmen Sie 100 ml Austernwasser, einen Spritzer Champagner und 1/2 Blatt Gelatine.

AUSTERN-TATAR

Austern auslösen und in feine Würfelchen schneiden. Klein geschnittenen, kurz blanchierten Staudensellerie untermischen, etwas Fenchelkraut dazugeben und mit Pfeffer und Zitronensaft abschmecken. Das Tatar wieder in die Austernschalen geben. Auf eine schöne Platte (zum Beispiel Schiefer) etwas mit Wasser befeuchtetes Meersalz geben. Die Austernschalen darauf dekorativ anrichten und nach Belieben mit Algenpilzen oder Queller dekorieren.

KINGS KOCHINSPIRATIONEN: SYLTER ROYAL-AUSTERN, VERSCHIEDEN ROH MARINIERT

BLUTWURST-RAVIOLI AUF CHAMPAGNER-RAHMKRAUT UND BRAUNEN BRÖSELN

FÜR 4 PERSONEN

CHAMPAGNER-RAHMKRAUT
500 g Weißkraut
40 ml Champagneressig
1 Gemüsezwiebel
etwas Butter zum Braten
100 ml Weißwein
1 Prise Backpulver
Nelke, Piment, Salz, Pfeffer, Zucker
1 EL Crème fraîche
etwas Zitronensaft
5 große Blätter frische Minze
1 EL geschlagene Sahne

SAUCE
60 g Schalotten
60 g Staudensellerie
60 g Champignons
40 g Butter
100 ml Weißwein
100 ml Champagner
50 ml Noilly Prat
150 ml Sahne
Salz, Pfeffer, Zitrone
1 Estragonzweig

BLUTWURST-RAVIOLI AUF CHAMPAGNER-RAHMKRAUT UND BRAUNEN BRÖSELN

RAVIOLI-TEIG

400 g doppelgriffiges Mehl

40 ml Sonnenblumenöl

40 ml Milch

3 Eier

1 große Prise Salz

BLUTWURST

100 g grüner Speck

200 g Speckschwarte

120 g durchwachsener Speck

120 g Zwiebelwürfel

1 l Kalbsfond

1 l frisches Schweineblut

300 ml Kalbs-Blanchierfond

Salz, schwarzer Pfeffer, geriebene Muskatnuss, etwas Balsamicoessig, frischer Majoran und Thymian

50 g frische Weißbrotwürfel

BLUTWURST-RAVIOLI AUF CHAMPAGNER-RAHMKRAUT UND BRAUNEN BRÖSELN

CHAMPAGNER-RAHMKRAUT

Das Weißkraut in feine Streifen schneiden. Mit Salz, Zucker und Champagneressig eine Nacht marinieren.

Die Gemüsezwiebel in feine Streifen schneiden und in Butter anschwitzen, ohne dass sie Farbe annimmt. Das marinierte Weißkraut dazugeben und weiter anschwitzen. Mit Weißwein aufgießen, die Gewürze untermengen und im zugedeckten Topf ca. 1 Stunde garen. Die Crème fraîche dazugeben und nochmals 10 Minuten köcheln lassen. Mit Zitronensaft, Champagneressig, Zucker, Pfeffer und Salz abschmecken. Am Schluss die fein gehackte frische Minze und die geschlagene Sahne dazugeben.

SAUCE

Für die Sauce alle Gemüse fein schneiden und in frischer Butter kräftig anschwitzen. Mit Noilly Prat ablöschen, mit Champagner und Weißwein aufgießen. Den Estragonzweig dazugeben. Auf die Hälfte einkochen lassen und anschließend mit Sahne aufgießen. Nochmals ca. 10 Minuten köcheln lassen. Den Estragonzweig entfernen und die Sauce mixen, so dass das Gemüse vollständig püriert wird. Durch ein feines Sieb streichen und mit Salz, weißem Pfeffer und Zitronensaft abschmecken.

RAVIOLI-TEIG

Für den Ravioliteig alle Zutaten zu einem glatten, geschmeidigen Teig verkneten. Mit Klarsichtfolie abdecken und eine Stunde im Kühlschrank ruhen lassen.

BLUTWURST

Für die Blutwurst grünen Speck, Speckschwarte und durchwachsenen Speck grob würfeln und mit den Zwiebelwürfeln leicht anschwitzen. Mit dem Kalbsfond aufgießen, einmal aufkochen lassen. Dann den Fond wieder abgießen und die Masse mit der groben Scheibe durch den Fleischwolf drehen.

Das Schweineblut vorsichtig auf maximal 40 °C erwärmen und kräftig mixen. Jetzt den ebenfalls auf 40 °C temperierten Kalbs-Blanchierfond langsam einmixen. Die durchgedrehte Speckmasse

BLUTWURST-RAVIOLI AUF
CHAMPAGNER-RAHMKRAUT UND
BRAUNEN BRÖSELN

ebenfalls lauwarm einrühren (nicht mehr mixen). Mit Salz, schwarzem Pfeffer, viel Muskat, etwas Balsamicoessig, frisch gehacktem Majoran und Thymian abschmecken. Die Masse sofort in eine Terrinenform füllen und im Backofen bei 80 °C im Wasserbad ca. 2 1/2 Stunden garen. Danach gut durchkühlen.

RAVIOLI

Für die Raviolifüllung 400 g Blutwurst und 120 g fein gehacktes Champagnerkraut gut miteinander vermengen.

Den Ravioliteig dünn ausrollen. Eigelb mit etwas Milch verquirlen und den Teig damit bepinseln. Pro Ravioli 1/2 EL Füllung aufsetzen und mit dem Ravioliteig schließen.

Teigränder gut andrücken, ausschneiden oder ausstechen und in köchelndem Salzwasser ca. 2 Minuten garen. Ravioli auf einem Tuch abtropfen lassen und in einer Pfanne mit brauner Butter schwenken.

ANRICHTEN

Die Ravioli auf das übrige Champagner-Rahmkraut geben. Gekühlte Blutwurst in 2 cm dicke Scheiben schneiden, in geklärter Butter knusprig braten. Weißbrotwürfel ebenfalls in frischer Butter rösten.

Pro Ravioli eine Scheibe kross gebratene Blutwurst servieren. Die gerösteten Weißbrotwürfel darübergeben und mit der frisch aufgemixten Champagnersauce umgießen.

TIPP

Das Rezept macht auf den ersten Eindruck viel Arbeit. Sie können daraus aber mehrere Bausteine zubereiten. Die einzelnen Bausteine sind mehrere Tage haltbar und lassen sich vielseitig verwenden.

BLUTWURST-RAVIOLI AUF CHAMPAGNER-RAHMKRAUT UND BRAUNEN BRÖSELN

FÜR 6 BIS 8 PERSONEN

ROTWEIN-SCHALOTTENBUTTER
300 g fein gewürfelte Schalotten
80 ml Cassis
1 l kräftiger Rotwein (z. B. Côte du Rhône)
1 Rosmarinzweig
1 Thymianzweig
1 Lorbeerblatt
450 g Butter
schwarzer Pfeffer, etwas Knoblauch, Meersalz, einige Tropfen Zitronensaft

GESCHMORTE SCHALOTTEN
300 g große Schalotten
30 g Butter
20 ml Sonnenblumenöl
Salz, Pfeffer

KOTELETTE
1,6 bis 2 kg Ochsenkotelette
50 ml Sonnenblumenöl
1 EL frische Butter
1 Zweig Thymian
1 Zweig Rosmarin
Salz, Pfeffer

KOTELETTE VOM FRIESISCHEN OCHSEN MIT ZWEIERLEI SCHALOTTEN

ROTWEIN-SCHALOTTENBUTTER

In einem großen, flachen Topf die fein gewürfelten Schalotten in 50 g Butter langsam anschwitzen. Mit Cassis ablöschen und mit 100 ml Rotwein aufgießen. Die Gewürze und Kräuter in ein kleines Gewürzsäckchen geben und in den Topf einlegen. So lange köcheln lassen, bis die ganze Flüssigkeit verdunstet ist. Dann wieder mit 100 ml Rotwein ablöschen und erneut einkochen lassen. Den Vorgang wiederholen, bis der ganze Rotwein aufgebraucht ist. Durch das ständige Ablöschen verkochen die Schalotten nicht so schnell und der Wein verdunstet besser. Außerdem wird durch das ständige Glacieren das Rotwein-Schalottenaroma intensiver. Es soll ein intensiv nach Rotwein schmeckendes, dunkelrot gefärbtes, kräftiges Schalottenkompott entstehen. Die Masse mindestens 2 bis 3 Stunden gut durchkühlen lassen.

Die übrige Butter leicht schaumig rühren und mit etwas Meersalz, frisch gemahlenem schwarzem Pfeffer und Zitronensaft würzen. Verwenden Sie Salz und Pfeffer sparsam – lieber im letzten Moment frisch gemahlenen Pfeffer und einige Meersalzkörner obenauf geben. Da sich in der Butter Gewürze schwer auflösen, besteht die Gefahr, dass man beim Abschmecken zu viel Salz und Pfeffer verwendet.

2/3 des Rotwein-Schalottenkompotts zu der Butter geben und gut miteinander verrühren. Eine halbe Stunde stehen lassen und dann nochmals abschmecken. Entscheiden Sie selbst, ob Sie die ganzen Rotweinschalotten in die Butter geben. Ein ausgewogener Geschmack von Butter, Rotwein und Schalotten sollte spürbar sein. Die Butter gut abdecken und eine Nacht kühl stellen.

GESCHMORTE SCHALOTTEN

Ein Backblech mit Sonnenblumenöl und etwas geklärter Butter einstreichen, leicht salzen und pfeffern. Große, feste Schalotten mit Schale längs halbieren und mit der Schnittfläche auf das gewürzte Backblech legen. Einige Thymian- und Rosmarinzweige daraufgeben und im auf 160 °C vorgeheizten Backofen ca. 35 Minuten backen. Die Schalotten garen dabei in der Schale, bis sie an der Schnittfläche leicht karamellisieren. Die Garzeit hängt von der Qualität der Schalotten ab – es kann sein, das Sie die Garzeit verlängern und die Temperatur erhöhen müssen oder umgekehrt. Die Schalotten werden direkt aus der Schale gegessen.

KOTELETTE VOM FRIESISCHEN OCHSEN MIT ZWEIERLEI SCHALOTTEN

KOTELETTE

Für drei bis vier Personen rechne ich mit einem 800 bis 1000 g schweren, gut abgehangenen Ochsenkotelette. Das Fleisch in einer großen, nicht zu heißen Pfanne in neutralem Sonnenblumenöl von beiden Seiten je ca. 2 Minuten anbraten. 1 EL frische Butter, einen Thymian- und Rosmarinzweig dazugeben und nochmals ca. 2 Minuten bei mittlerer Hitze weiterbraten, dabei das Fleisch immer wieder wenden. Für höchstens 6 Minuten in den auf 160° vorgeheizten Backofen geben. Mit etwas frisch gemahlenem schwarzem Pfeffer und grobem Meersalz leicht würzen, aus der Pfanne nehmen und an einem warmen Ort (max. 65° C) mindestens 30 bis 40 Minuten ruhen lassen. Das Fleisch nicht in der Pfanne stehen lassen, da es sonst zu schnell nachzieht, sondern besser auf einen warmen Teller geben und diesen ganz locker mit Alufolie abdecken, so dass kein Hitzestau entstehen kann.

Kurz vor dem Servieren das Fleisch nochmals für 30 Sekunden von jeder Seite in eine heiße Pfanne legen und etwas Butter dazugeben. Die Temperatur lässt sich am besten mit der Butter kontrollieren – die Hitze darf nur so stark sein, dass die Butter nicht verbrennt.

ANRICHTEN

Das Fleisch in gleichmäßige Tranchen schneiden und nach Bedarf leicht nachwürzen. Die Ofenschalotten dazugeben und mit einem Löffel Rotwein-Schalottenbutter garnieren.

KOTELETTE VOM FRIESISCHEN
OCHSEN MIT ZWEIERLEI
SCHALOTTEN

TIPP

Achten Sie bei der Rotwein-Schalottenbutter darauf, dass die Schalottenwürfel nicht zu klein sind. Die Stückchen sollen in der Butter noch erkennbar sein und einen kleinen Biss haben.

Das Rotwein-Schalottenkompott und auch die fertige Butter können Sie im Kühlschrank gut abgedeckt mehrere Tage aufbewahren – allerdings stets in einem Stein- oder Glasgefäß, da Plastikdosen die Farbe annehmen.

Achten Sie beim Kotelette darauf, dass es nicht dicker als 5 bis 6 cm ist. Schneiden Sie vor dem Braten das überschüssige Fett nicht weg. Fett schützt das Fleisch vor zu viel Hitze und ist außerdem ein wunderbarer Geschmacksträger. Sie können die Fettränder besser beim Aufschneiden entfernen.

DIE RUHE GENIESSEN

BRUNNENKRESSE-SALAT MIT POCHIERTEM LANDEI UND FRISCHEM WINTERTRÜFFEL

FÜR 6 PERSONEN

BRUNNENKRESSE-SALAT
1 großer Bund Brunnenkresse
50 g geputzter Friseesalat
350 g kleine, mehlige Kartoffeln
2 geschälte Schalotten
1 kleiner Bund frisch geschnittener Schnittlauch
etwas Butter, Geflügelbrühe, milder Weinessig, Sonnenblumenöl, ganz wenig Senf, Meersalz und frisch gemahlener weißer Pfeffer

TRÜFFELVINAIGRETTE
80 ml Trüffeljus
20 ml Sherryessig
20 ml alter Balsamico
40 ml Haselnussöl
40 ml Perigord Trüffelöl (kein weißes italienisches Trüffelöl verwenden)
1 Estragonzweig
grobes Meersalz, frisch gemahlener schwarzer Pfeffer

EIER
6 frische Landeier (Bioeier von frei laufenden Hühnern)
etwas weißer Weinessig

ANRICHTEN
etwas frischer schwarzer Wintertrüffel

BRUNNENKRESSE-SALAT MIT POCHIERTEM LANDEI UND FRISCHEM WINTERTRÜFFEL

BRUNNENKRESSE-SALAT
Die Brunnenkresse von den groben Stielen befreien, waschen, trocken schleudern und mit den feinen Friseespitzen vermengen.
Die Kartoffeln mit der Schale kochen, schälen und in ganz feine Scheiben schneiden. Die Schalotten fein würfeln, in Butter anschwitzen und zu den Kartoffelscheiben geben.
Aus Geflügelbrühe, Weinessig, Sonnenblumenöl, Senf, Meersalz und Pfeffer eine Marinade herstellen. Die Kartoffeln warm untermengen und mindestens eine halbe Stunde durchziehen lassen. Kurz vor dem Servieren den fein geschnittenen Schnittlauch dazugeben.

TRÜFFELVINAIGRETTE
Für die Trüffelvinaigrette zuerst den Trüffeljus und den Sherry- und Balsamicoessig mit Salz und Pfeffer vermischen, damit sich die Gewürze besser auflösen. Dann erst das Haselnuss- und das Trüffelöl zugeben. Mit dem Estragonzweig die Vinaigrette wie mit einem kleinen Besen vermischen. Ebenfalls ca. eine halbe Stunde ziehen lassen.

EIER
Die Eier vorsichtig in dem leicht mit Essig gewürzten Wasser pochieren (maximal zwei bis drei Eier gleichzeitig, sonst kühlt das Wasser zu schnell ab). Das Eigelb soll noch flüssig sein.

ANRICHTEN
Den Brunnenkresse- und Friseesalat mit wenig Trüffelvinaigrette marinieren und ein kleines Salatnest auf dem Teller formen. Den warmen »Kartoffelsalat« in die Mitte geben, darauf das pochierte Ei. Jetzt den Brunnenkressesalat mit reichlich Trüffelvinaigrette übergießen. Das Ei mit etwas grobem Meersalz bestreuen und über alles etwas frisch gemahlenen schwarzen Pfeffer geben. Den schwarzen Wintertrüffel über das Ei und den Brunnenkressesalat hobeln.

TIPP
Trüffeljus ist Saft von eingemachten schwarzen Wintertrüffeln. Es gibt ihn in kleinen Döschen zu kaufen. Man erhält ihn auch als doppelt konzentrierten Saft mit kleinen Trüffelstückchen darin; dieses Produkt ist hierfür besonders gut geeignet. Die Trüffelstückchen einfach klein hacken und mit in die Trüffelvinaigrette geben. Verwenden Sie kein weißes italienisches Trüffelöl!

BRUNNENKRESSE-SALAT MIT POCHIERTEM LANDEI UND FRISCHEM WINTERTRÜFFEL

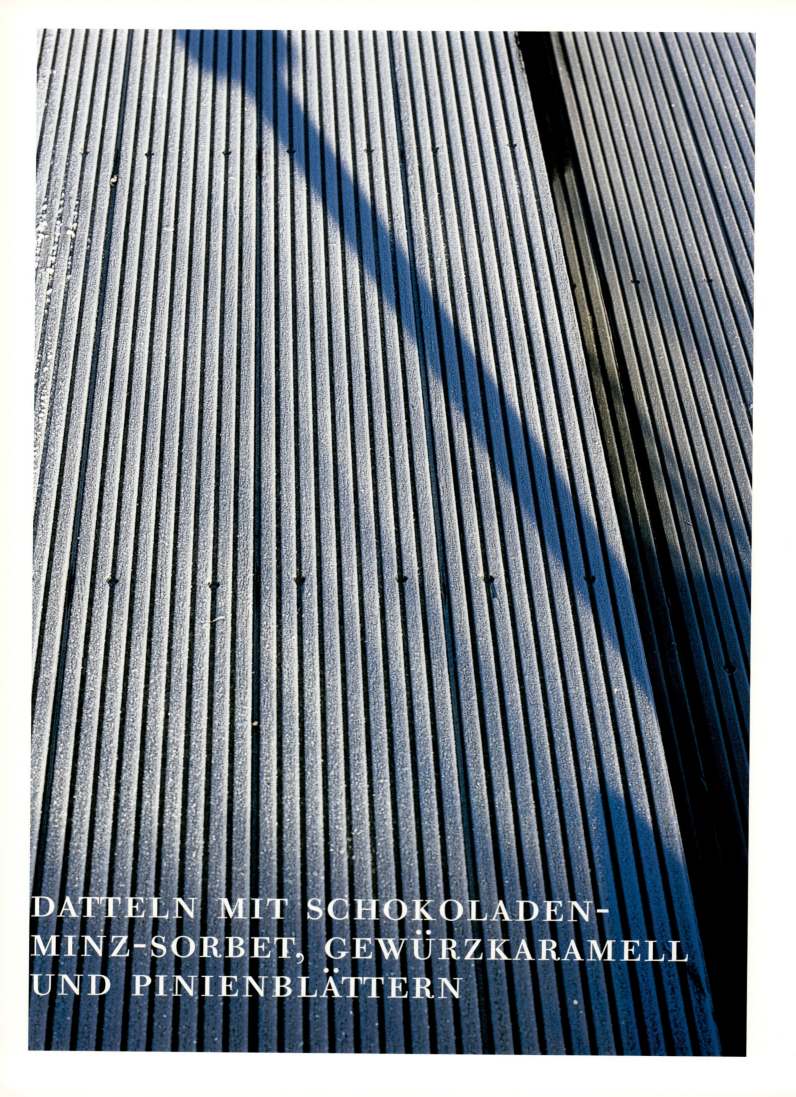

DATTELN MIT SCHOKOLADEN-MINZ-SORBET, GEWÜRZKARAMELL UND PINIENBLÄTTERN

FÜR 6 PERSONEN

SCHOKOLADEN-MINZ-SORBET

200 ml Wasser
30 g Glykose (Zuckerstärke)
40 g Minzlikör
20 g ungesüßter Kakao
85 g Zartbitterschokolade (mind. 75 % Kakaogehalt)
5 große Minzezweige
1 Vanillestange
1/2 Zimtstange

PINIENBLÄTTER

100 g Butter
100 g Zucker
je 1/2 TL fein geriebene Orangen- und Zitronenschale
40 g Mehl
100 g fein gehackte Pinienkerne
Backpapier

GEWÜRZKARAMELL

120 g brauner Rohrzucker
1/4 Zitrone
60 ml Kaffeelikör; 1/2 Tasse Espresso
etwas Vanille, schwarzer Pfeffer, Nelke, Kardamom und gemahlener Koriander

DATTELN

18 frische Datteln
80 ml Vanillesauce (siehe Rezept Seite 336)
50 g geröstete Pinienkerne
Minze zum Garnieren

DATTELN MIT SCHOKOLADEN-MINZ-SORBET, GEWÜRZKARAMELL UND PINIENBLÄTTERN

SCHOKOLADEN-MINZ-SORBET

Das Wasser mit der Glykose aufkochen. Likör, Kakao und Zartbitterschokolade dazugeben und alles gut miteinander vermengen. Dann die Minze und die Gewürze dazugeben und ca. 30 Minuten ziehen lassen. Die Masse durch ein Sieb geben, 2 bis 3 Minuten mit dem Stabmixer mixen. In der Eismaschine frieren.

PINIENBLÄTTER

Butter und Zucker schaumig rühren, dann alle restlichen Zutaten dazugeben und glatt rühren. Den Teig dünn auf Backpapier streichen und im auf 180 °C (Umluft) vorgeheizten Backofen goldbraun backen.

GEWÜRZKARAMELL

Den Zucker in einer Pfanne ohne Fett karamellisieren, mit dem Saft der Zitrone ablöschen. Den Kaffeelikör, den Espresso und die Gewürze (sparsam) dazugeben, abkühlen lassen.

DATTELN

Die frischen Datteln schälen und auf einer Seite so einschneiden, dass der Kern entfernt und die Dattel auseinandergeklappt werden kann. Drei aufgeklappte Datteln ringförmig anrichten und mit Schokoladen-Minzsorbet füllen. Sofort wieder in das Tiefkühlgerät geben und ca. 20 Minuten durchkühlen lassen.

ANRICHTEN

Vanillesauce auf den Teller geben, Gewürzkaramell, Pinienkerne und die Minzblätter dazulegen. Dann das Datteltörtchen auf die Vanillesauce stellen und ein großes Pinienblatt darauflegen.

TIPP

Glykose ist eine zähflüssige Creme aus Stärke (Zucker), die nicht mit Glukose zu verwechseln ist. Sie ist bei jedem Konditor oder Bäcker erhältlich.
Frische Datteln sind feinfruchtig, kleben nicht und haben einen ausgeprägten, an Honigkuchen erinnernden Duft. Fragen Sie Ihren Gemüsehändler oder gehen Sie zu einem guten türkischen oder marokkanischen Lebensmittelhändler.

DATTELN MIT SCHOKOLADEN-MINZ-SORBET, GEWÜRZKARAMELL UND PINIENBLÄTTERN

FÜR CA. 20 MANDELZIEGEL

250 g Zucker
150 g Eiweiß
50 ml Milch
40 g Mehl
50 g flüssige Butter
250 g Mandelblättchen
Backpapier

Zucker, Eiweiß, Milch, Mehl und Butter glatt, aber nicht schaumig rühren.
Die Mandelblättchen dazugeben und mindestens 5 Stunden im Kühlschrank kalt stellen. (Die Masse kann auch 2 bis 3 Tage vorher zubereitet und im Kühlschrank aufbewahrt werden.)
Die kalte Mandelmasse esslöffelweise auf Backpapier geben und mit einer nassen Gabel gleichmäßig dünn auftragen.
Die Mandelziegel im auf 190 °C vorgeheizten Backofen goldbraun backen, dann sofort vom Backpapier lösen.
Die heißen Mandelziegel über eine Flasche oder ein Nudelholz legen, damit sie schön rund werden.

TIPP
Der Mandelteig sollte immer hauchdünn aufgestrichen werden, damit er gleichmäßig bräunt.
Außerdem sollte das Mandelgebäck möglichst frisch gegessen werden. Hohe Luftfeuchtigkeit macht es pappig.
Man bewahrt es – nur kurze Zeit – am besten in einem Wärmeschrank oder unter einer geschlossenen Kuchenhaube auf.

GEBACKENE MANDELZIEGEL

FÜR 6 PERSONEN

GEBRATENER STEINBUTT
6 Steinbuttfilet-Mittelstücke à 160 g
30 ml Sonnenblumenöl
50 g Butter
2 Thymianzweige
Meersalz, weißer Pfeffer, etwas Limonensaft

LAUCHPÜREE
600 g geputzter Lauch (die äußeren Blätter entfernen)
Salz, Pfeffer, Zucker
2 EL Kartoffelpüree
30 g eiskalte Butterstückchen

TRÜFFELVINAIGRETTE
10 ml alter Sherryessig
10 ml alter Balsamicoessig
40 ml heller Kalbsfond
1 TL Sherry/Madeira-Reduktion
10 ml Haselnussöl
60 ml Sonnenblumenöl
100 g eingekochter Trüffel mit Trüffelsaft (doppelt konzentriert)
3 EL blanchierte Lauchwürfel
Meersalz, schwarzer Pfeffer

GEBRATENER STEINBUTT AUF LAUCHPÜREE MIT WARMER TRÜFFELVINAIGRETTE

GEBRATENER STEINBUTT

Die Steinbuttstücke in einer schweren Eisenpfanne oder einer beschichteten Pfanne auf der Hautseite mit etwas Sonnenblumenöl nicht zu heiß anbraten. Jetzt etwas frische Butter und 1 bis 2 Thymianzweige dazugeben. Den Steinbutt wenden und immer wieder bei schwacher Hitze mit der langsam braun werdenden Nussbutter übergießen. Zum Schluss mit Meersalz und weißem Pfeffer aus der Mühle würzen. Etwas Limonensaft in die Butter geben und damit den Fisch nochmals übergießen. Achten Sie darauf, dass die Butter nicht zu dunkel wird. Der gesamte Bratvorgang dauert höchstens 3 bis 5 Minuten.

LAUCHPÜREE

Den Lauch in dicke Ringe schneiden und mit wenig Butter anschwitzen. Etwas Salz, Pfeffer und eine ganz kleine Prise Zucker dazugeben. Den Topf abdecken und den Lauch bei schwacher Hitze gar ziehen lassen. Den Topf auf Eiswasser stellen und den Lauch schnell abkühlen. Den Lauch zusammen mit dem Kartoffelpüree in der Mulinette sehr fein mixen. Alles nochmals abschmecken. Kurz vor dem Servieren erhitzen und die eiskalten Butterstückchen einrühren.

TRÜFFELVINAIGRETTE

Essig, Kalbsfond sowie die Sherry/Madeira-Reduktion vermischen und kurz aufkochen. Würzen, Öl und Trüffelsaft dazugeben, kurz anmixen. Nochmals abschmecken, den fein gehackten Trüffel und die Lauchwürfel dazugeben. Etwa 20 Minuten ziehen lassen und nochmals abschmecken.

ANRICHTEN

Das Lauchpüree in die Tellermitte geben, den Steinbutt mit der Hautseite nach oben auflegen, etwas grobes Meersalz darüberstreuen und mit der lauwarmen Trüffelvinaigrette umgießen.

TIPP

Eingekochten schwarzen Wintertrüffel mit Saft gibt es in kleinen Döschen zu kaufen. Die Trüffelstückchen einfach klein hacken und mit dem Saft in die Trüffelvinaigrette geben. Schwarze Wintertrüffel eignen sich gut zum Einkochen. Dabei verstärkt sich ihr Aroma. Der Dunstsaft, der dabei entsteht, heißt Trüffeljus und wird im Handel angeboten. Weißer Trüffel eignet sich nicht zum Einkochen – er sollte immer frisch verwendet werden.

GEBRATENER STEINBUTT AUF LAUCHPÜREE MIT WARMER TRÜFFELVINAIGRETTE

KAROTTEN-INGWERPÜREE

Möhren schälen, halbieren und in grobe Stücke schneiden. Etwas Butter und Zucker hell karamellisieren, Schalottenwürfel dazugeben. Die groben Möhren und ein paar kleine geschälte Ingwerstückchen hinzufügen und anschwitzen. Mit Noilly Prat ablöschen, einkochen lassen und grünen Pfeffer hineingeben. Mit einem leichten Geflügelfond angießen, abdecken und bei schwacher Hitze ca. 45 Minuten gar köcheln lassen. Dabei nur so viel Flüssigkeit verwenden, dass diese fast vollständig von den Möhren aufgesogen wird. Die weichen Möhren in der Mulinette mixen, bis eine homogene und klumpenfreie Masse entsteht. Das Karottenpüree sollte eine feste Konsistenz haben. Mit Meersalz, grünem Pfeffer, Koriander aus der Mühle und frischem, ganz fein geriebenem Ingwer abschmecken. Kurz vor dem Servieren einige eiskalte Butterstückchen und etwas gehackten Estragon, Kerbel und frischen Koriander dazugeben.

LANGOSTINOS

Die ausgelösten Langostinoschwänze kurz von beiden Seiten braten, so dass sie innen noch glasig sind. Aus der Pfanne nehmen, etwas frische Butter hineingeben und aufschäumen lassen, bis die Butter nussig, aber noch nicht dunkel wird. Mit wenig Limonensaft und ganz wenig Salz und Pfeffer abschmecken.

ANRICHTEN

Die Langostinos auf das Karotten-Ingwerpüree geben und mit der nussigen Butter nappieren.

TIPP

Dieses Gericht eignet sich sehr gut als kleines Zwischengericht.
Das Karotten-Ingwerpüree kann sehr herzhaft zubereitet und zum Beispiel zu einem saftig gebratenen Poulardenbrüstchen gereicht werden. Es sollte aber immer seinen erdig-süßlichen Eigengeschmack bewahren. Würzen Sie deshalb nicht zu stark – verwenden Sie Zucker sehr sparsam und Ingwer dezent.
Meine Lieblings-Saucenvariante dazu:
6 Teile heller Kalbsfond, 3 Teile Fischfond, 1 Teil Kalbsjus
Alles vermischen, einmal aufkochen und mit dem Mixstab zusammen mit ein paar Tropfen feinem Olivenöl aufmontieren.

KINGS KOCHINSPIRATIONEN: GEBRATENE LANGOSTINOS AUF KAROTTEN-INGWERPÜREE

MARINIERTE MANDARINE
MIT STERNANIS-EIS

FÜR 6 BIS 8 PERSONEN

MARINIERTE MANDARINE

600 ml Wasser

200 g brauner Zucker

8 Kardamomkapseln

10 Nelken

10 Anissterne

1 Zimtstange

1 Vanilleschote

Zesten von 3 Orangen und 1 Zitrone

200 g Tannenhonig

175 ml Mandarinenlikör

12 kernlose Mandarinen

STERNANIS-EIS

250 ml Sahne

150 ml Milch

100 ml Saft von der Mandarinen-Marinade

1/2 TL gemahlener Sternanis

1/2 Vanilleschote

6 Eigelb

80 g Zucker

MARINIERTE MANDARINE MIT STERNANIS-EIS

MARINIERTE MANDARINE

Das Wasser mit dem Zucker, den Gewürzen und den Orangen- und Zitronenzesten aufkochen, leicht abkühlen lassen und dann den Honig und den Mandarinenlikör dazugeben.
Wenn die Marinade abgekühlt ist, die sauber geschälten Mandarinen hineingeben und abgedeckt im Kühlschrank 1 bis 2 Tage ziehen lassen.

STERNANIS-EIS

Die Sahne, die Milch, die Marinade, das Sternanispulver und die Vanilleschote aufkochen und 5 Minuten ziehen lassen. Die Eigelb und den Zucker kräftig schaumig rühren, bis die Masse fast weiß ist.
Nun die heiße Sahne-Milch-Gewürzmischung auf die Eigelbmischung geben, gut verrühren und im Topf bei schwacher Hitze abziehen. (Also so lange unter ständigem Rühren erhitzen, bis die Masse dicklich wird.) Die Creme sofort durch ein Sieb geben, die Vanilleschote gründlich ausdrücken. Auskühlen lassen und in der Eismaschine frieren.

TIPP

Verwenden Sie nur unbehandelte Orangen und Zitronen, am besten Biofrüchte. Diese müssen trotzdem immer mit heißem Wasser abgespült und kräftig abgerieben werden.
Mit einem Zestenreißer (in jedem guten Haushaltswarengeschäft erhältlich) feine Streifen abziehen. Kurz mit kochendem Wasser überbrühen und dann erst weiterverwenden.
Die Mandarinen vorsichtig schälen und mit einem kleinen Messerchen die weißen Fäden vollständig entfernen. Das ist zwar ein bisschen Fummelarbeit, aber es lohnt sich.
Die Mandarinen dürfen auf keinen Fall eingestochen oder mit dem Messer eingeschnitten werden, sonst tritt der Mandarinensaft aus und das Fruchtfleisch wird runzelig.
Die Mandarinen sollen maximal drei Tage in der Marinade liegen.

MARINIERTE MANDARINE MIT STERNANIS-EIS

FÜR 4 PERSONEN

16 kleine Kartoffeln
150 g Schafsfrischkäse
8 Sardellen
1/4 l Geflügel- oder kräftiger Gemüsefond
1 EL Lammjus
2 Schalotten
3 Thymianzweige
1 Rosmarinzweig
1 geschälte, gekochte Knoblauchzehe
grobes Meersalz, weißer Pfeffer aus der Mühle

Die ungeschälten Kartoffeln waschen und mit etwas Pfeffer und Thymian in Salzwasser garen.
Die gegarten Kartoffeln abschrecken und pellen.
Von jeder Kartoffel einen kleinen, tiefen Deckel abschneiden.
Die Kartoffeldeckel mit einer Gabel ganz fein zerdrücken und mit dem leicht gewürzten Schafsfrischkäse vermengen.
Die Kartoffeln mit der Käsemischung füllen. Die Sardellen längs halbieren und auf den Kartoffeln anrichten.
Den Geflügelfond mit dem Lammjus, den Kräutern und den Gewürzen mischen, aufkochen und abschmecken. Die Kräuter aus dem Fond nehmen, den Sud einmal kräftig mixen, durch ein feines Sieb streichen und nochmals abschmecken,
Die gefüllten Kartoffeln in den Thymiansud setzen und im auf 160 °C vorgeheizten Backofen etwa 10 Minuten backen. (Die Kartoffeln dabei nicht abdecken.) Die fertigen Kartoffeln vorsichtig in tiefe Teller setzen. Den Thymiansud nochmals kurz mixen und großzügig um die Kartoffeln gießen.

MORSUMER KARTOFFELN MIT SCHAFSFRISCHKÄSE UND SARDELLEN IM THYMIANSUD

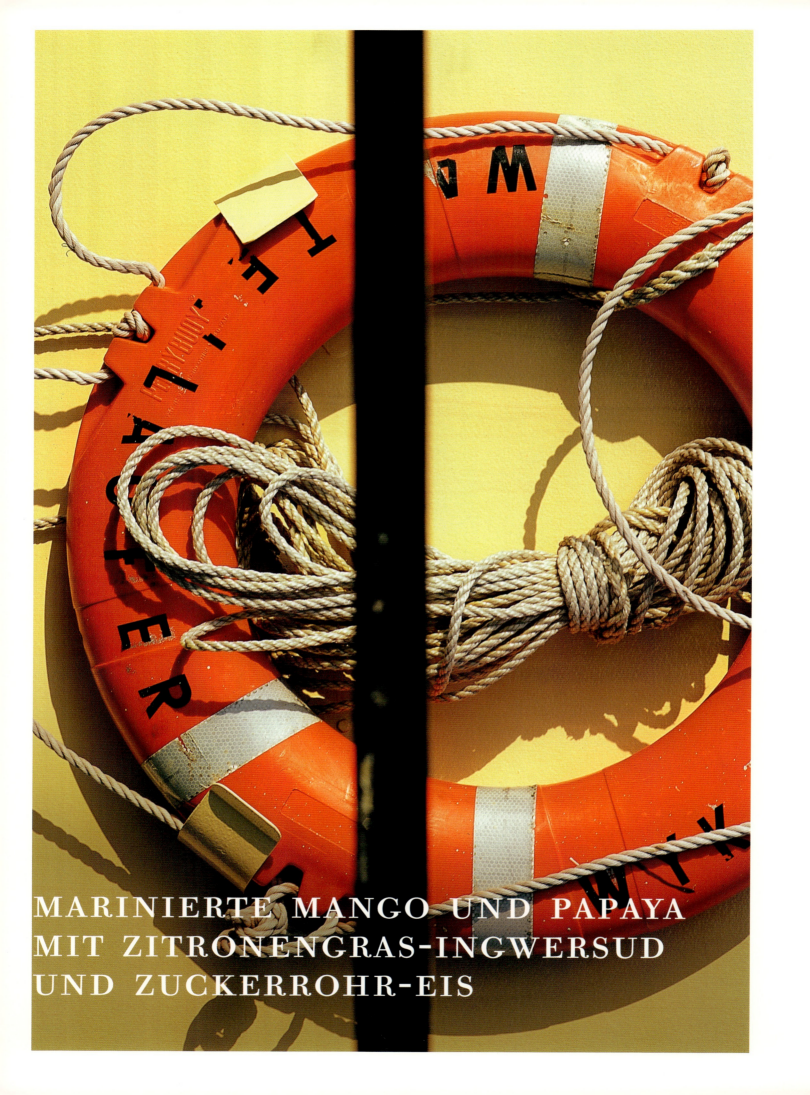

MARINIERTE MANGO UND PAPAYA
MIT ZITRONENGRAS-INGWERSUD
UND ZUCKERROHR-EIS

FÜR 6 PERSONEN

MARINIERTE FRÜCHTE
200 g reife, aber nicht zu weiche Mango
200 g reife, aber nicht zu weiche Papaya
etwas Limonensaft und geriebene Limonenschale, etwas geriebener Ingwer
etwas Zitronensaft, geriebene Zitronenschale
20 ml weißer Rum

SUD
200 ml Fencheltee
50 g Ingwerwurzel
1 Stange fein geschnittenes Zitronengras
50 g Akazien- oder Pinienhonig

EIS
200 ml Milch
200 ml Sahne
5 Eigelb
120 g Zuckerrohrsirup
1 EL Crème fraîche
20 ml weißer Rum

MARINIERTE MANGO UND PAPAYA MIT ZITRONENGRAS-INGWERSUD UND ZUCKERROHR-EIS

MARINIERTE FRÜCHTE

Die Mango und die Papaya jeweils in grobe Würfel schneiden. Die Mangowürfel in etwas Limonensaft, geriebener Limonenschale und geriebenem Ingwer marinieren. Die Papayawürfel in Zitronensaft, geriebener Zitronenschale und Rum marinieren. (Es empfiehlt sich, den weißen Rum vorher kurz zu erhitzen und zu flambieren, damit der Alkoholgehalt nicht so hoch ist.)

SUD

Aus dem Fencheltee, der Ingwerwurzel und dem Zitronengras einen kräftigen Sud herstellen. Den Sud durch ein Teesieb geben und den Honig hinzufügen. Kurz vor dem Servieren mixen. (Man kann in den Sud auch 50 ml Vanillesauce mixen.)

EIS

Die Milch und die Sahne aufkochen. Die Eigelb und den Zuckerrohrsirup kräftig schaumig rühren. Die Crème fraîche und den flambierten weißen Rum hinzufügen, die Creme in die heiße Milch-Sahne-Mischung geben und bei schwacher Hitze bis zu einer luftigen Bindung abziehen. Die Creme in der Eismaschine frieren.

ANRICHTEN

Die marinierten Mango und Papaya in einem Ring zu gleichen Teilen übereinanderschichten, mit dem aufgemixten Sirup umgießen und eine große Nocke Eis daraufsetzen.

MARINIERTE MANGO UND PAPAYA
MIT ZITRONENGRAS-INGWERSUD
UND ZUCKERROHR-EIS

ERGIBT CA. 100 STÜCK

50 g brauner Rohrzucker
1 doppelter Espresso
100 ml Sahne
70 ml Kaffeelikör
25 g Kaffeepaste, ungesüßt
30 g löslicher Kaffee
250 g Zartbitter-Schokolade (mind. 75 % Kakaogehalt)

Den Zucker leicht karamellisieren, mit dem Espresso ablöschen und den Karamell vollständig loskochen. Nach und nach die Sahne, den Likör, die Kaffeepaste und den löslichen Kaffee dazugeben, die Mischung dabei nicht mehr kochen lassen.
Jetzt die Zartbitterschokolade hinzufügen und langsam schmelzen lassen. Alles mit dem Mixstab ca. 2 Minuten mixen.
Die Ganache (Trüffelcreme) abkühlen lassen und sofort in Hohlkörper füllen. 4 bis 6 Stunden durchkühlen lassen, danach mit temperierter Schokolade verschließen.

TIPP
Hohlkörper sind industriell gefertigte Schokoladenkugeln mit kleiner Öffnung, durch die die Ganache gefüllt wird. Nach dem Kühlen muss diese Öffnung mit Kuvertüre verschlossen werden, damit die Ganache nicht ausläuft. Wir verwenden statt fertig gekaufter Hohlkörper Hartplastikformen in verschiedenen Größen und Formen, die wir selber mit temperierter Zartbitterschokolade ausgießen. Einige Formen bearbeiten wir auch zuvor mit temperierter weißer Schokolade und erhalten so verschiedene Muster im Schokoladenkörper.
Frisch hergestellte Pralinen sind ein Hochgenuss – ohne Zusatzstoffe und nie älter als drei Tage. So kommen die Aromen, die Cremigkeit und der Glanz der Schokolade voll zur Geltung.
Wenn Sie einen Konfektkurs besuchen möchten, können Sie unter www.soelring-hof.de Termine in Erfahrung bringen.

SCHOKOLADEN-KONFEKT MIT ZARTBITTER-MOCCA-GANACHE

500 ml Milch
500 ml Sahne
3 Vanilleschoten
10 Eigelb
180 g Zucker

Milch und Sahne mit den aufgeschnittenen und ausgeschabten Vanillestangen aufkochen.
Eigelb und Zucker sehr schaumig schlagen und zur heißen Vanille-Sahne-Milch geben.
Alles gut miteinander vermengen und bei schwacher Hitze »abziehen«, d. h. mit dem Kochlöffel rühren, bis eine dickliche Konsistenz erreicht ist.
Die Masse durch ein Sieb geben, dabei die Vanilleschoten gut ausdrücken, dann kalt stellen.
Die Vanillemasse in der Eismaschine einfrieren oder als Vanillesauce verwenden.

TIPP

Das »Abziehen« der Vanillesaucemasse darf auf keinen Fall zu schnell erfolgen. Die Masse muss bis zum richtigen Zeitpunkt – nämlich bis zu einer dicklichen Sämigkeit – abgerührt werden. Wird die Masse zu wenig gerührt, so bleibt die Sauce zu dünn bzw. das Eis hat nicht die gewünschte Cremigkeit. Wird die Masse hingegen zu lange gerührt, gerinnt das Eigelb und die Sauce bzw. das Eis wird klumpig.

VANILLESAUCE ODER GRUNDEISMASSE

Fonds bilden die Grundlage vieler Speisen, z. B. Suppen, Saucen, Eintöpfe, Sülzen, Gelees und vieles mehr.

Aus den Karkassen (Gerippen) beziehungsweise den Knochen stellt man unter Zugabe von Wasser, Gemüse und Gewürzen den Fond bzw. beim Fisch den »fumet de poisson« her.

Beim Würzen des Fonds sollte man stets maßvoll sein, denn meist werden Suppen oder Saucen nochmals reduziert. So verdampft das Wasser, es bleiben gehaltvolle Extrakte und die Würze wird intensiver.

GEFLÜGELFOND

2 kg Geflügelkarkassen oder 2 Suppenhühner
3,5 l Wasser
1/2 Stange Staudensellerie
5 Schalotten
10 Champignons
1/4 Sellerieknolle
1 kleine Stange Lauch
1 kleine Petersilienwurzel
1 Knoblauchzehe
Thymian, Salz, Piment, Pfeffer, Lorbeer, Estragon usw.

ZUBEREITUNG DES GEFLÜGELFONDS

Die Geflügelkarkassen oder die Suppenhühner in kaltem Wasser aufsetzen und langsam zum Köcheln bringen (Kälte laugt aus). Während des Kochens den weißen Schaum, der sich an der Oberfläche bildet, mit einer kleinen Schöpfkelle vorsichtig abschöpfen. Nun alles Gemüse und alle Gewürze dazugeben und alles ca. 1 1/2 Stunden leise köcheln lassen. Der Fond darf nicht wallend kochen, da dies die Flüssigkeit trüb macht.

Den fertigen Fond durch ein feines Passiertuch seihen, bei Bedarf mit Hilfe eines Küchenkrepps die Fettaugen entfernen und die Flüssigkeit noch etwas weiter einkochen. Ist der Fond kalt, lässt sich die erstarrte Fettschicht vorsichtig abnehmen.

GRUNDREZEPTE FÜR FONDS UND SAUCEN

TIPP

Für den alltäglichen Gebrauch lässt sich Geflügelfond sehr gut in leeren Joghurtbechern oder kleinen Plastikbeutelchen einfrieren. So hat man immer genügend Vorrat und muss nicht auf den berühmten Brühwürfel zurückgreifen …

Ist der Fond einmal trüb geworden, kann er nach dem Erkalten mit Hilfe von etwas Eiweiß, fein geschnittenem Geflügelfleisch und Gemüse geklärt werden. Dazu wird das Eiweiß fast steif geschlagen, mit Geflügelfleisch, Gemüse, dem eiskalten Fond sowie den Gewürzen (Salz, Pfeffer, Knoblauch, Piment, Lorbeerblatt) vermischt und das Ganze langsam wieder zum Kochen gebracht, bis das Eiweiß stockt. Jetzt noch 10 Minuten ziehen lassen und die Brühe erneut vorsichtig passieren. Natürlich kann man diese Brühe auch für Sülzen oder Aspik verwenden.

GEMÜSEFOND

50 ml Traubenkernöl
6 Schalotten
1 Stange Lauch
15 Champignons
1/2 Selleriestange
1 Fenchelknolle
2 Möhren
1,5 l Wasser
1 EL Pfefferkörner/Lorbeer
etwas Meersalz, Kräuterstiele
1 EL Weißweinessig nach Belieben

ZUBEREITUNG DES GEMÜSEFONDS

Das Gemüse ca. 5 Minuten in dem Taubenkernöl anschwitzen. Dann in kaltem Wasser aufsetzen und langsam zum Köcheln bringen (Kälte laugt aus). Nun alle Gewürze dazugeben und alles ca. 1 1/2 Stunden leise köcheln lassen. Der Fond darf nicht wallend kochen, da dies die Flüssigkeit trüb macht. Den fertigen Fond durch ein feines Passiertuch seihen.

GRUNDREZEPTE FÜR FONDS UND SAUCEN

KALBSFOND
1 kg Kalbsknochen
500 g Kalbfleischabschnitte
2,5 l Wasser
200 ml Weißwein
2 Möhren
100 g Sellerie
1 Stange Lauch
2 Knoblauchzehen
1 Gemüsebouquet
Piment, Pfefferkörner, Lorbeer, Thymian

ZUBEREITUNG DES KALBSFONDS
Die Kalbsknochen und das Fleisch in kaltem Wasser und Weißwein aufsetzen und langsam zum Köcheln bringen (Kälte laugt aus). Während des Kochens den weißen Schaum, der sich an der Oberfläche bildet, mit einer kleinen Schöpfkelle vorsichtig abschöpfen. Nun alles Gemüse und alle Gewürze dazugeben und alles ca. 1 1/2 Stunden leise köcheln lassen. Der Fond darf nicht wallend kochen, da dies die Flüssigkeit trüb macht.
Den fertigen Fond durch ein feines Passiertuch seihen, bei Bedarf mit Hilfe eines Küchenkrepps die Fettaugen entfernen und die Flüssigkeit noch etwas weiter einkochen. Ist der Fond kalt und leicht geliert, lässt sich die erstarrte Fettschicht vorsichtig abnehmen.

FISCHFOND
2 kg gewässerte, klein geschnittene Fischkarkassen
1,5 l Wasser
5 Schalotten
1 Stange Lauch
2 Stangen Staudensellerie
100 ml Weißwein
50 ml Noilly Prat
100 g Champignons
etwas Knoblauch, Lorbeer, Pfefferkörner, Estragon, Salz, geschälte Zitrone und Thymian

GRUNDREZEPTE FÜR FONDS UND SAUCEN

ZUBEREITUNG DES FISCHFONDS

Die Fischkarkassen in kaltem Wasser aufsetzen und langsam zum Köcheln bringen (Kälte laugt aus). Während des Kochens den weißen Schaum, der sich an der Oberfläche bildet, mit einer kleinen Schöpfkelle vorsichtig abschöpfen. Nun alles Gemüse und alle Gewürze sowie den Weißwein und den Noilly Prat dazugeben und alles 1 Stunde leise köcheln lassen. Der Fond darf nicht wallend kochen, da dies die Flüssigkeit trüb macht.

Den fertigen Fond durch ein feines Passiertuch seihen, bei Bedarf mit Hilfe eines Küchenkrepps die Fettaugen entfernen und die Flüssigkeit noch etwas weiter einkochen. Ist der Fond kalt und leicht geliert, lässt sich die erstarrte Fettschicht vorsichtig abnehmen.

GRUNDREZEPT FÜR CHAMPAGNERSAUCE

100 g Champignons
100 g Schalotten
80 g Fenchel/Staudensellerie
40 g frische Butter
80 ml Noilly Prat
80 ml Champagner
400 ml Fischfond
250 ml Sahne
Salz, Pfeffer, Zitrone, gemahlener Koriander

Das Gemüse waschen, fein würfeln und langsam in der Butter anschwitzen. Mit Noilly Prat und Champagner ablöschen, Fischfond dazugeben und ca. 10 Minuten bei milder Hitze köcheln lassen. Dann die frische Sahne dazugeben, nochmals 10 Minuten köcheln lassen und leicht mit Salz, Pfeffer, Zitrone und etwas gemahlenem Koriander würzen. Alles mit einem Mixstab ganz fein pürieren und anschließend durch ein feines Haarsieb passieren. Die Sauce aufkochen, im letzten Moment etwas geschlagene Sahne sowie etwas Champagner dazugeben und mit dem Mixstab kurz aufmixen.

TIPP

Den Champagner stets erst im letzten Moment dazugeben. Das macht die Sauce frisch in Geschmack und Konsistenz.

GRUNDREZEPTE FÜR FONDS UND SAUCEN

LÖWENZAHN — TARAXUM OFFICINALE

Hundsblume, Kuhblume, Pusteblume, Milchkraut sind noch lange nicht alle Namen, die diese in wunderschönem sattem Gelb blühende Blume bezeichnen. Für unseren Gebrauch sammeln wir nur die kleinen, jungen Blätter. Die Wurzeln und Blüten sind ebenfalls verwendbar. Löwenzahn enthält eine Menge Wirkstoffe: Bitterstoffe, Gerbstoffe, Stärke, Zucker, Schleim, Saponin, Cholin, Taraxin, Inulin (besonders in der Wurzel), Vitamin A, B1, B2, B6, C, D, Kieselsäure, Magnesium, Kalzium, Kalium, Eisen, Zink, Kupfer, Phosphor, Natrium und Schwefel! Der Überlieferung nach lässt der auf die Haut aufgetragene Milchsaft schön und begehrenswert erscheinen.

SAUERAMPFER — RUMEX ACETOSA, FELD-AMPFER, SAUERGRAS

Auch dieses Kraut kann im Ganzen gesammelt werden: frische Stängel und Blätter im Frühjahr, danach wieder auf gemähten Wiesen; Samen im Sommer, Wurzeln im Frühjahr und Herbst. Den säuerlichen, frischen Geschmack der jungen Blätter und Triebe kennt fast jeder noch aus der Kindheit. Die Inhaltsstoffe sind zahlreich: Bitterstoffe, Gerbstoffe, Vitamin C, Zucker, Fett, Kieselsäure, Kalium, Natrium, Chlor und Oxalsäure – deshalb sollten ihn Nieren-, Rheuma- und Tuberkulosekranke meiden.

SCHAFGARBE — SCHILLEA MILLEFOLIUM, FELDGARBE, TAUSENDBLATT, SCHAFZUNGE, BLUTKRAUT, GRILLENKRAUT, FASANKRAUT

Zu finden auf Wiesen, Weiden und Rainen. Man sammelt die frischen, grundständigen Blätter. Schafgarbe ist sehr wirkstoffhaltig: Bitterstoffe, Gerbstoffe, Eiweiß, Inulin, ätherische Öle, Asparagin, Achillein, Phytosterin, Vitamin C, organische Säuren, Nitrate, Kieselsäure, Kalium, Phosphor und Schwefel. In der Heilkunde wird sie als Tee gegen Beschwerden der Luftwege, Magen-Darm-Katarrh, Gallenleiden und Herzanfälle verwendet.

SPITZWEGERICH — PLANTAGO LANCEOLATA

Die kleinen Blättchen in der Blattrosette kann man das ganze Jahr sammeln. Zerquetscht helfen die Blätter bei kleinen Wunden und Insektenstichen, als Tee gegen Husten. In der Magie wurden Spitzwegerichblätter in die Schuhe gelegt oder zwischen die Zehen gesteckt, um verschiedene Fußkrankheiten zu bekämpfen. Inhaltsstoffe: Ancubin, Schleim, Gerbstoffe, Kieselsäure.

VOGELMIERE — TELLARIA MEDIA, GOGELSTERNMIERE

Ein Kraut, das das Wetter anzeigt: Sie öffnet am späten Morgen nur dann ihre Blüten, wenn gutes Wetter bevorsteht. Ist Regen zu erwarten, bleiben die Blüten den ganzen Tag geschlossen. Außerdem ist sie ein Stickstoffanzeiger und wächst auf Äckern, an Wegrändern und gerne auf organischen Schutthalden. Inhaltsstoffe: Saponine, Mineralstoffe, Vitamin C. Sie wird mit anderen Kräutern als Tee gegen Erkältung und als Auflage bei Augenentzündungen verwendet.

WILDKRÄUTER

QUELLER

Der Queller *(Salicornia Europaea)* ist ein Gänsefußgewächs mit armleuchterartigem Wuchs. Er ist die charakteristische Pflanze der Quellerflur und eine wichtige Pionierpflanze im Schlickwatt. Er wächst im Anschluss an die Seegraswiesen.

Zwischen den einzelnen Pflanzen eines Quellerrasens findet eine allmähliche Aufschlickung statt, die eine Vorstufe der Verlandung darstellt. Queller ist häufig und bestandsbildend in den Wattgebieten von Nord- und Ostsee. Eine besondere einjährige Sammelart färbt sich im Spätsommer rot und bildet eine malerische Herbstkulisse rostroter Matten hinter der das Meer und der Himmel besonders schön kontrastieren.

Durch ihren Standort wird die Quellerpflanze im Wechsel der Gezeiten regelmäßig vom Salzwasser überspült. Sie erträgt die höchste Salzkonzentration unserer Gänsefußgewächse – immerhin 8 bis 12 Prozent. Am besten wächst der Queller allerdings bei einem Salzgehalt von 2,5 bis 3 Prozent. Bei Salzmangel wächst er nur kümmerlich.

Im Osten der Insel Sylt, im Morsumer Watt, sind die idealen Wachstumsverhältnisse vorhanden: Gezeiten mit genügend Flutwasser, das das Schlickwatt und die anschließenden Seegraswiesen regelmäßig überspült. Hier kann sehr schmackhafter Queller reichlich geerntet werden.

Man kann Queller roh essen. Ich empfehle, den Queller in ganz leicht gepfeffertem Wasser zu blanchieren und sofort mit Eiswasser abzuschrecken. Queller passt ausgezeichnet zu gegrilltem Fleisch, zu Salaten oder als Gemüsebeilage.

Queller ist extrem nährstoffreich und gesund, da er Jod, Mangan, Kupfer, Zink, Magnesium, Natrium, Kalium und Phosphat enthält.

Immer wieder weise ich in Kochkursen die Teilnehmer und andere »genusssüchtige« Gäste darauf hin, das es »gutes« und »schlechtes« Salz gibt. Unser normales Industriesalz ist gewaschen, geschönt, meist mit Kreide und Kalk schön weiß und vor allem trocken und rieselfähig gemacht. Das ist das schlechte Salz, weil bei diesem Vorgang sehr viele wichtige Minaralien, Spurenenelemente und der feine natürlich Jodgeschmack verloren gehen.

Das gute Salz ist naturreines Salz – nicht gewaschen und nicht geschönt und es gibt eine ganze Menge gute Natursalze. Das französische Camargue Fleur de Sel, das englische Meldon-Salz, portugiesische oder mallorquinische Salzchips, das sehr feine rosa Himalaya Salz, das Hunza-Salz aus Zentralpakistan und viele viele mehr.

Wir verwenden das normale Salz sehr sparsam und nur bei den Grundvorbereitungen. Im Allgemeinen würzen wir mit Salz sehr sparsam und erst im letzten Moment streuen wir etwas von dem guten Salz obendrauf. Wir verwenden hauptsächlich Fleur de Sel – das ist die Blume des Salzes. Es ist wegen seines sehr milden und natürlichen Geschmacks sehr geschätzt. Es entsteht nur an besonders heißen Tagen, wobei eine hauchdünne Schicht an der Oberfläche eines Salzbeckens kristalisiert und dann schnell abgeschöpft werden muss. Diese Art der Salzgewinnung ist wohl die älteste und schonendste, nur durch die vollständige Verdunstung des Meerwassers bleiben viele Spurenelemente im Salz erhalten.

Oder das Meerwasser wird in ein trichterförmiges Becken gepumpt. Nach und nach verdunstet das Wasser an den Rändern schneller, in der Mitte des Beckens findet der Verdunstungsprozess am längsten statt, dadurch ist das Salz aus der Mitte am hellsten und aromatischsten. Betrachtet man solch ein Salzbecken von oben, ähneln sich die verschiedenen äußeren Farbschichten einer Blume und die feine weiße Schicht in der Mitte einem Blütenstempel – daher der Name.

Weiterhin verwenden wir das sehr feine Himalaya Salz und das Meldon Salz. Gelegentlich mischen wir das Fleur de Sel mit einigen frisch gehackten Kräutern – Thymian, Rosmarin und Fenchelsamen eignen sich besonder gut dafür. Oder wir mischen das Salz mit gemahlenem Koriander, Ingwer und geriebener Limone.

Wenn Sie einmal gutes und schlechtes Salz nebeneinander probiert haben, werden Sie mich verstehen. Machen Sie die Augen zu und denken Sie an knackig frische Jakobsmuscheln, an ein Carpaccio vom Loup de mer, an ein Scheibchen Gänsestopfleber, Taubenbrüstchen oder Langostinos … mit gutem Salz leicht gewürzt … Sie werden nie wieder schlechtes Salz verwenden!

Übrigens: Ein Frühstücksei schmeckt mit dem guten Salz um Klassen besser.

SALZGESCHICHTEN

VORSPEISEN UND SUPPEN

Apfel-Sellerie-Feuilleté mit gebratener Gänsestopfleber, Dörrfrüchten und Pinienkern-Vinaigrette   220

Arborio-Risotto mit Spinatsalat und Bianchetti-Trüffel   50

Avocado-Tatar mit Knusper-Jakobsmuscheln und pikanter Mango-Pinienkern-Salsa   286

Brunnenkresse-Salat mit pochiertem Landei und frischem Wintertrüffel   310

Cremesüppchen von Sylter Meeresschnecken mit Bratbrot und Queller   138

Dreierlei Tatar mit Kaviar   140

Jakobsmuscheln auf gebratenem Spargel mit Knusperblatt und Wildkräutersalat   88

Kartoffel-Feuilleté mit Apfel, Bohnen, wilden Kräutern und Meerrettich-Vinaigrette   46

Kings Kochinspirationen: Gebackene Calamaretti mit Ingwergurken und pikanter Crème crue   118

Kopfsalat-Cremesuppe mit Kartoffel-Kaviar-Lasagne   166

Labskaus mit Wachtelspiegelei   128

Rollmops von der Rotbarbe   150

Soleier   234

Sylter Muscheleintopf   135

Tatar vom frischen Hering mit Stampfkartoffeln, Meerrettich und Kopfsalat-Vinaigrette   84

Wiesenkräuter-Salat mit Rapsöl-Vinaigrette   174

GEMÜSE UND KRÄUTER

Grießnocken mit gebratenem Kürbis und Salbeijus   206

Grünkern-Küchlein mit Selleriesenf   256

Kings Kochinspirationen: Spargeltöpfchen   72

Kleine Brotknödel mit braunen Bröseln, Pfifferlingen und Kalbsherzbries   116

Morsumer Kartoffeln mit Schafsfrischkäse und Sardellen im Thymiansud   328

Schluppen-Ravioli mit Kalbsherzbries und Frühlingsgemüsen   38

Warmer Spargelsalat mit frischen Morcheln à la crème und gebackenem Kabeljau   34

FISCH UND MEER

Bouillabaisse à la King   60

Bouillabaisse-Risotto   210

Croustillant von der Königskrabbe auf Rübchenkompott und Krustentierjus   68

Gebackene Sylter Royal-Austern auf Champagner-Rahmkraut   290

Gebratene Langostinos auf Karotten, Erbsen und Minze   98

Gebratene Meeräsche auf Quellern und kleinen Meerschnecken   144

Gebratener Steinbutt auf Lauchpüree mit warmer Trüffelvinaigrette   320

Gebratener Steinbutt mit Stampfkarotten, grünen Zwiebeln und Austernsauce   148

Gefüllte Calamaretti mit Kalbskopf und mildem Senfkohl   260

Gegrillter bretonischer Hummer auf geröstetem Blumenkohl und Krustentierjus   154

Hummer-Couscous   76

Kabeljau im Krabbensud mit Schmorgurken und Morsumer Kartoffeln   158

Kings Kochinspirationen: Gebratene Langostinos auf Karotten-Ingwerpüree   322

Kings Kochinspirationen: Gebratener Glattbutt mit Kartoffeln, Schnittlauch und grünem Pfeffer   160

Kopfsalat-Risotto mit gebratenem Hummer und weißem Speckschaum   56

Meeraal auf Apfel-Meerrettich-Kompott und leichter Champagner-Senfsauce   240

REZEPTREGISTER

Morchel-Lasagne mit Jakobsmuschel-Tatar   80

Rahmspinat mit Champagnerkutteln, Jakobsmuscheln und Imperial-
   Kaviar   186

Rochenflügel auf Artischockenravioli mit Essigsauce   270

Saint-Pierre im Süßkartoffelsud   250

Warmes Carpaccio vom Loup de mer mit provenzalischer Würze und
   pikantem Couscous   92

FLEISCH, WILD UND GEFLÜGEL

Bauern-Maishuhn auf Koriander-Wirsing à la crème   214

Fasanenbrust auf Champagner-Rahmkraut mit Weintrauben, Speck,
   Croutons und Preiselbeeren   200

Frikassee vom Salzwiesenhuhn mit Gugelhupf   122

Gekochte Kalbsbrust mit Waldpilzen und Butterklößchen   244

Geschmorte Ochsenbacke   288

Geschmortes Zicklein mit Navetten, jungen Zwiebeln und Frühlingsknoblauch   54

Kotelette vom friesischen Ochsen mit zweierlei Schalotten   302

Kross gebratener Kalbsschwanz auf karamellisierten Schwarzwurzeln und
   Trüffelkompott   280

Milchlammkeule mit Wildkräuterpüree, geschmorten Tomaten und kleinen
   Zwiebeln   44

Rebhuhnbrust mit Kalbsherzbries im Brotmantel auf Grünkohl à la crème
   und Hagebuttenkompott   190

Schlemmerschnitte à la King   254

DESSERTS

Datteln mit Schokoladen-Minz-Sorbet, Gewürzkaramell und
   Pinienblättern   314

Friesenschnittchen à la King   226

Gebratener weißer Pfirsich mit Lavendelblüten-Eis und Pinien-Honig-Sirup   112

Geeiste Knusper-Birne   232

Geeistes Schwarzwälder Kirschgratin   170

Himbeertöpfchen mit geeistem Champagner-Sabayon und zweierlei
   Himbeersorbet   104

Karamellisierte Quitte mit Bratbrioche, dreierlei Kompott und Schwarzbiereis   194

Knusprige Apfelkrapfen   228

Knusprige Strudelblätter mit Rhabarber und dreierlei Sorbet   176

Marinierte Mandarine mit Sternanis-Eis   326

Marinierte Mango und Papaya mit Zitronengras-Ingwersud und Zuckerrohr-Eis   332

Vanilleküchlein auf Sanddornpüree mit Vanille-Rahmeis   266

KLEINE KULINARISCHE KÖSTLICHKEITEN

Blutwurst-Ravioli auf Champagner-Rahmkraut und braunen
   Bröseln   296

Eistee à la King   136

Frischkäsecreme mit Aprikosen, Blaubeeren und Vanille-
   Honigjus   132

Gebackene Mandelziegel   316

Kings Kochinspirationen: Kartoffel-Beignets mit marinierten Felchen und
   Felchenkaviar   236

Kings Kochinspirationen: Sylter Royal-Austern, verschieden
   roh mariniert   292

Kings Kochinspirationen: Vorspeisen-Variation   196

Mandelknusperteig für kleine Früchtetörtchen   164

Schokoladen-Konfekt mit Zartbitter-Mocca-Ganache   334

GRUNDREZEPTE

Grundrezepte für Fonds und Saucen   338

Vanillesauce oder Grundeismasse   336

EIN PAAR SÄTZE ZUM SCHLUSS

Ein ganz besonderer Dank gilt meiner Verlegerin Anja Heyne, die von Anfang an an dieses Buch geglaubt hat. Unsere erste Begegnung war geprägt von schwärmerischen und intensiven Gesprächen über die gute Sylter Luft, die wunderschönen Dünen, das Watt und die Steilküste, die Ruhe und den Genuss, den man auf Sylt erfahren kann. Zugleich geprägt von einer überaus herzlichen Atmosphäre und der sicheren Unterstützung bei einem einzigartigen Buch. Liebe Frau Heyne, Sie haben viel investiert, und das ist alles andere als selbstverständlich. Für mich ist die Arbeit an diesem Buch eine glückliche Erfahrung mit einer ganz großen Frau: Vielen Dank!

Ohne diese wertvollen Menschen wäre das Buch so nicht möglich gewesen:

Liebe Frau Ellert, Sie haben nicht nur fantastische Bilder gemacht, sondern mit Ihrer ganz persönlichen Art ein Arbeitsklima geschaffen, das fröhlich und natürlich, bestimmt und immer qualitätsbewusst war. Es war ein Hochgenuss, gemeinsam mit Ihnen dieses Buch zu verwirklichen.

Dir, liebe Julia, vom ganzen Team ein herzlicher Dank für Dein Lächeln und Deine Fröhlichkeit, obwohl es nicht immer einfach war, und Dank dafür, dass Du so viele wunderschöne Stoffe und Dekorationen an »Land gezogen« hast.

Chapeau, lieber Herr Swoboda, ich ziehe den Hut. Nach mitunter mühevoller Kleinarbeit und einfühlsamen Gesprächen haben Sie es vermocht, meine Gedanken in genau die richtigen Worte zu fassen und dem Ganzen den meeresblauen Faden zu geben. Unser Streben nach Qualität war stets ein hilfreicher Begleiter, ob im Watt, auf der Düne, in der Kombüse oder auf dem Schiff. Ahoi und auf bald!

Mit Ihnen, lieber Herr Welte, wollte ich nicht tauschen. Wie viele Male haben wir telefoniert, das Wellenrauschen im Hintergrund, vermischt mit Möwengeschrei, dazu unsere gute fröhliche Arbeitslaune, während Sie im Verlag in München bei Regen, Schnee und Föhn saßen. Aber es kam ja noch schlimmer – irgendwann haben Sie unsere Fotos gesehen … Dennoch haben Sie nie den Faden verloren. Sie haben geführt, aber nie vorgegeben. Sie haben uns die Freiheit gegeben, dieses Buch langsam wachsen zu lassen.

Dieses Buch ist für mich mehr als ein Genussbuch. Dieses Buch ist gleichsam ein wunderbarer Lebensabschnitt, der für immer festgehalten ist. Ich sehe viele schöne Dinge darin. Dieses Buch steckt voller Herzblut, Leidenschaft und eben Genuss. Mein Dank gilt allen, die mich auf diesem Lebensabschnitt begleitet und unterstützt haben – es sind sehr wertvolle Menschen für mich.

JOHANNES KING

IMPRESSUM

www.collection-rolf-heyne.de

Copyright © 2007 by Collection Rolf Heyne GmbH & Co. KG, München

Alle Rechte, insbesondere das Recht der Vervielfältigung, vorbehalten. Kein Teil des Werks darf in irgendeiner Form (durch Fotokopie, Mikrofilm oder ein anderes Verfahren) ohne schriftliche Genehmigung reproduziert oder unter Verwendung elektronischer Systeme vervielfältigt oder verbreitet werden.

Fotografie: Luzia Ellert
Fotoassistenz: Julia Selitsch
Redaktion der Rezepte: Marianne Glaßer, Röslau
Umschlaggestaltung: Collection Rolf Heyne, München
Layoutgestaltung: Jürgen Welte, Collection Rolf Heyne, München
Satz: graphitecture book, Laurence Aubineau, Rosenheim
Herstellung: Collection Rolf Heyne, München
Lithografie: Lorenz & Zeller, Inning
Druck und Bindung: Printer Trento, Trient

Printed in Italy

ISBN 978-3-89910-331-1